魅力新疆 系列丛书

风情新疆

古丽巴哈尔·买买提尼亚孜 编著

五洲传播出版社

图书在版编目（CIP）数据

风情新疆 / 古丽巴哈尔·买买提尼亚孜编著. —北京：五洲传播出版社，2013.6
（魅力新疆）
ISBN 978-7-5085-2519-8

Ⅰ.①风… Ⅱ.①古… Ⅲ.①风俗习惯-介绍-新疆 Ⅳ.①K892.445

中国版本图书馆CIP数据核字(2013)第099185号

风情新疆

编　　著：	古丽巴哈尔·买买提尼亚孜
审　　读：	静瑞彬
图片提供：	新疆维吾尔自治区政府新闻办公室，阿布都热扎克·沙依木，艾拉提·买买提明，葛丰交，古丽巴哈尔·买买提尼亚孜，刘彤，吐娜，吴卫东
责任编辑：	宋博雅
封面设计：	丰饶文化传播有限责任公司
内文设计：	北京优品地带文化发展有限公司
出版发行：	五洲传播出版社
社　　址：	北京市北三环中路31号生产力大楼B座7层
电　　话：	0086-10-82007837（发行部）
邮　　编：	100088
网　　址：	http://www.cicc.org.cn　http://www.thatsbooks.com
印　　刷：	北京光之彩印刷有限公司
字　　数：	167千字
图　　数：	105幅
开　　本：	710毫米×1000毫米 1/16
印　　张：	11.75
印　　数：	1—3000
版　　次：	2014年8月第1版第1次印刷
定　　价：	48.00元

（如有印刷、装订错误，请寄本社发行部调换）

出版前言

新疆维吾尔自治区（简称新疆）地处中国西北边陲，面积166.49万平方公里，占中国国土面积的1/6，陆地边境线5600多公里，周边与蒙古、俄罗斯、哈萨克斯坦、吉尔吉斯斯坦、塔吉克斯坦、阿富汗、巴基斯坦和印度8个国家接壤，是古丝绸之路的重要通道。

新疆有长达数千年的文明史，自古以来就是一个多民族聚居和多宗教并存的地区。从西汉时期（公元前206年至公元25年）开始，它成为中国统一的多民族国家不可分割的重要组成部分。

新疆是中国5个少数民族自治区之一，现有55个民族成分，主要包括维吾尔、汉、哈萨克、回、柯尔克孜、蒙古、塔吉克、锡伯、满、乌孜别克、俄罗斯、达斡尔、塔塔尔等。2013年末，新疆总人口约为2264.30万人，其中少数民族人口约占61%。

新疆有数不清的名胜古迹，有充满传奇色彩的历史故事，有灿烂的民族文化、浓郁的民族风情、多元的宗教信仰；这里地处欧亚大陆腹地，有独特的自然条件，地形多种多样，风光雄浑壮美；这里物产丰饶，有丰富的矿产资源，牛羊成群，粮棉遍野，瓜果四季飘香……新疆是个散发着神奇魅力的地方！

为了让国内外的广大读者了解一个立体的、鲜活的、开放的新疆，我们编辑出版了这套"魅力新疆"丛书。本丛书共10册，分别介绍新疆10个方面的基本情况。希望本丛书能带您展开一段"魅力新疆"之旅。

2014年8月

目 录

◇好客多礼的民风 / 1
  有朋自远方来 / 2
  风格各异的见面礼 / 9
  尊老爱幼的美德 / 11
  互助友爱重情义 / 15
  给洗手水的礼节 / 19
  被赋予神力的巴塔仪式 / 20

◇各具特色的衣住行 / 23
  色彩斑斓的服饰 / 24
  绿色环绕的家 / 45
  古朴的交通运输工具 / 54

◇恋爱·婚姻·家庭 / 61
  以歌传情 / 62
  隆重热闹的维吾尔婚礼 / 63
  歌声飞扬的哈萨克婚恋 / 68
  别有情趣的蒙古婚礼 / 72
  饱含深情厚谊的柯尔克孜婚礼 / 73
  撒面粉、喝盐水的塔吉克婚俗 / 77
  独具特色的婚嫁习俗 / 79
  家庭——亲情的纽带 / 81

◇ 新疆人的一生 / 85

　　诞生礼 / 86

　　命名礼 / 88

　　满月礼和摇床礼 / 90

　　周岁礼和学步礼 / 94

　　剪发礼 / 94

　　割礼 / 95

　　少妇礼 / 96

　　葬礼 / 97

◇ 喜庆而隆重的节日 / 103

　　宗教性节日 / 104

　　年节 / 116

　　生产性节日 / 123

　　纪念性节日 / 125

◇ 精彩有趣的民间娱乐活动 / 127

　　精彩而惊险的传统体育娱乐活动 / 128

　　花样繁多的民间娱乐活动 / 150

　　益智健身的儿童游戏 / 157

◇ 热闹非凡的巴扎 / 161

　　追寻巴扎的足迹 / 162

　　巴扎——绿洲生活的灵魂 / 165

　　各具特色的巴扎风情 / 171

风情新疆

好客多礼的民风

……
这里的瓜果香甜可口美名扬，
这里的歌声清脆动听多嘹亮，
这里的姑娘温柔美丽又大方，
这里的小伙勇敢帅气又刚强，
这里的绣花帽绚丽多彩真漂亮，
这里的吾斯曼草让姑娘眉毛像月亮，
这里的刀郎舞狂热激情又奔放，
这里的各族人民勤劳勇敢又善良。
这里的草原骏马奔腾多么激昂，
这里的大漠驼铃悠悠在回响，
这里的天山南北牛羊多么肥壮，
这里的美景赛过那江南好风光，
来吧，欢迎你到新疆……

这首由新疆著名歌手肖开提演唱的《来吧！新疆》，表现了新疆各族人民的热情和好客。凡是踏上这片热情土地的人们，自然会被新疆少数民族热情好客、开朗真诚的质朴民风所感染。

有朋自远方来

来到阿尔瓦特家的头天晚上，阿尔瓦特用不太熟练的普通话对我讲："你能来我家，就把我家当自家看；你来了，你就是我弟弟。"一句话，说得我心里暖暖的。当晚，他的妻子做了一块酥油烙饼给我吃，他全家只吃简单的饭菜。我心里很是过意不去，掰了一半给他年老的母亲吃。可老人家执意不要，她像看着自己的一个儿子那样，看着我一口口吃下这只有在节日才做的酥油烙饼。快到休息的时候，阿尔瓦

好客多礼的民风

好客多礼

特的妻子将最好的房间给了我,将新缝的被褥给我铺好。当晚,我就是帕米尔高原上最幸福的人。①

　　帕米尔高原上流传着一句谚语:"谁有幸做塔吉克人的客人,谁将受到主人最盛情的礼遇。"与白云相伴的塔吉克人心地无比纯洁,质朴而亲切,他们把有客人登门或投宿视为光彩的事,主人会用家里最好的食物招待客人。塔吉克人视羊头为全羊之"上品",上肉时,把羊头放在主客面前,其他人是不能随便吃的。客人在吃肉的过程中要从盘中取出一些肉,回敬主妇,否则会被认为失礼。临睡前,女主人要为客人铺好被褥。塔吉克谚语说:"不要打开客人的行囊,不要

---

① 《吹出你的爱情——帕米尔高原塔吉克族的日常生活》,http://www.xiangshu.com/read.php?tid=2830655

询问客人动身的时间。"客人离开时,男主人为客人备好马,将马牵到门前,扶客人上马,交还马鞭,互相道别。

塔吉克人这种热情好客的习俗,在新疆维吾尔、哈萨克、柯尔克孜等民族中也普遍存在。客人临门,无论认识与否,都要出门相迎,热情款待。对尊贵的客人和远道而来的亲戚,亲友邻居则轮流相请,宰羊或马驹,做手抓肉款待客人。

维吾尔人淳朴善良,好客多礼。将客人迎进房内后,女主人赶紧为客人铺好褥子,请客人坐在褥子上,以示对客人的尊敬。俗话说,维吾尔人的餐桌上不会空着。每个维吾尔家庭随时都备有待客的食品和坐褥,只要有客人上门,总是拿出家里最好的东西给客人吃。客人坐好后,主人手执洗手壶和洗手盆请客人净手,随后在客人面前铺上餐布,摆上各类糖果和馕,然后用双手为客人奉上热气腾腾、醇香四溢的奶茶或清茶。在维吾尔人看来,馕是最好的食物,因而也是招待客人最珍贵的食品。如果在瓜果飘香的夏季和秋季到维吾尔人家做客,摆在您面前的就不仅有馕和茶,而且还有红沙瓤的西瓜、甜瓜、葡萄、苹果、桃子等水果,人们把这种待客方式叫做"以瓜代茶"。看着客人吃得津津有味,主人会发自内心地流露出喜悦和自豪。如果客人起身告辞时天色已晚,热情的主人总要盛情地挽留客人住在家里,拿出最好的被褥给客人用。第二天清晨,主人早起为客人准备早餐。客人走时,主人还要把客人送到大门外,并祝客人平安,求胡大(真主)保佑客人。

哈萨克人对客人恭敬备至,礼节周到。有很多关于待人接物的谚语,如:"父母留下来的财产,有一半是客人的";"舍不得给马喂料的,迟早要步行;舍不得大方待客的,迟早会挨饿";"好的客人来到,羊要下双羔";等等。从这些谚语中,我们不难看出哈萨克族是一个纯朴、直爽、热情好客的民族。他们认为客人是真主赐予的,不可有丝毫怠慢。

你用不着客气,任何一个蒙古包都是你的温暖的家,只要你朝火光的地方走去,不论走进哪一家蒙古包,好客的哈萨克牧民都会像对待亲兄弟似的热情地接待你。渴了你可以先喝一盆马奶,饿了有烤羊排、有酸奶疙瘩、有酥油饼,你可以一如哈萨克牧民那样豪情地狂饮大嚼。

这是著名作家碧野在《天山景物记》里对热情好客的哈萨克牧民的生动描写。

到哈萨克人家做客,您会受到全家老少的热情欢迎。他们会将您奉为贵宾,请您坐在毡房正中的席位上。谈笑间,女主人很快备好了奶茶。男主人右手端茶,左手放在右臂上,微微颔首,恭敬地道一句:"请喝茶。"热腾腾的奶茶弥散着诱人的香气,您会感受到哈萨克人最高的敬意。

宰羊待客,哈萨克语叫"霍那克—阿斯",有一套独特的礼俗。主人将羊牵进毡房,面对客人右腿跪地,右胳膊搂着羊脖子,双手举至胸前,恭敬地对客人说:请允许吧(请求祝福之词)。这时,在座的所有客人举起双手,由客人中的年长者作"巴塔"(祝福):祝愿家庭幸福,人畜两旺,儿是英雄,女是阿肯……然后将羊牵出毡房宰了清炖。一般不

哈萨克人待客食品

宰黑色的羊,多宰杀黄头羊。进餐时,要先将羊头献给最尊贵的客人。客人不必谦让,先用刀割一块腮帮肉敬给席中的长者,再割一只羊耳给在座的最幼者,然后为自己割一块肉,最后把羊头敬还主人。接着,大家才开始热热闹闹地自由吃肉。

　　远方的客人哟,我把羊肉煮得烂烂的,因为您来到我们这里,我要热情地款待您!远方来的客人啊,我把被褥铺得厚厚的,因为您来到我们这里,我要编几句歌儿赞美您!

　　这首《待客歌》为我们展现了柯尔克孜人待客的场面。柯尔克孜人有以歌待客的习俗,来了客人,主人要唱《迎客歌》《劝酒歌》等,

柯尔克孜人待客情景

维吾尔人待客美食

表示对客人的盛情款待。待客非常讲究礼仪，客人来到家门前，主人全家出门迎接，男子站在门的右边，女子站在门左边，笑容可掬地把客人请进毡房。如果是骑马来的客人，主人要上前扶客人下马，然后迎客进屋。如果客人把马鞭交给主人，就表明客人要留宿。对尊贵的客人宰杀马驹招待的习俗，据说源于玛纳斯时代。英雄玛纳斯联合本民族各部落和其他各族共同抗击敌人。为感谢各方英雄们的到来，玛纳斯杀了马群里最肥的马驹，宰了驼群里最壮的白驼羔。在宴席上，为表示对这些尊贵客人的欢迎，玛纳斯即兴唱道："尊贵的客人来到柯尔克孜草原，你们是杀马驹招待也请不来的客人；尊贵的客人支持正义的事业，你们是杀驼羔也请不来的客人……"从那时起，杀马驹和宰驼羔款待尊贵客人的习俗就流传了下来。

新疆蒙古人常说"对来客要用像你屋子那么大的心胸来盛情款待"，"美味佳肴给客人享用，美观衣裳给自己穿用"，"好心情给客人享受，好马匹给自己乘骑"……这些俗语充分体现了蒙古人的热情好客。对来访的客人要敬以奶酒，敬酒时，先唱敬酒歌，以歌伴酒，歌声真诚而动人。接待尊贵的客人，除献花敬酒外，还要煮肉待客。蒙古人煮羊肉很讲究，对尊贵的客人，要煮"乌叉·托勒哈"（即羊背子加羊头）。

　　锡伯族也是一个热情好客的民族。尊重客人是民族礼节中最重要的一项。客人到家，主人必须出门迎接；客人告辞，也要送到院门。到家的远方客人，不能空腹离家，必须做一顿好饭，吃饱后才能让客人走。客人吃饭时，不能将锅铲弄出响声，否则客人会误认为饭菜不够。客人的背囊、帽子等物，不可拨弄，须放到高处。忌问客人走的时间。若客人留宿，主人夫妻不能同睡，须与客人做伴，否则，人们会说这家主人不懂礼或不尊重客人。客人在家时，主人家的其他人也要以礼待人，不可随便在客人面前躺卧。同客人谈话时，幼辈不可随便插话或在一旁听。

　　奶茶或清茶是新疆少数民族日常生活中最主要的饮品，有"宁可一日无食，不可一日无茶"的说法。所以，以茶待客成为每家每户待客的重要礼俗。即使在瓜果飘香的季节，也要先给客人敬献一碗热茶。喝完一碗，热情的主人会立即为客人斟满。如果客人不想喝了，就用手把碗口捂一下，否则，主人还会继续为您斟满。著名作家张承志先生对哈萨克人家里的奶茶情有独钟："我总盼望到哈萨克人家里去，放松身心，喝个淋漓痛快，让汗出透，让郁闷发散。"

　　如果您到新疆来，有机会到少数民族家做客，还应懂得一些做客的礼节。请记住：在屋内炕上坐下时，要盘腿或跪着坐，切不可把腿伸直；主人倒茶时，客人应双手捧起碗，不能为了表示客气接过茶壶自己倒；吃饭时，不可随便拨弄盘中食物，不能嗅食物，最好不把食物剩在碗中，同时注意不让饭屑落地，如不慎落地，要拾起来放在自己跟前的"饭单"上；共盘吃饭时，不能将已抓起的食物再放进盘中；饭前饭后洗手后要用毛巾或手帕擦干，忌讳顺手甩水。

风格各异的见面礼

新疆各民族非常重视礼貌和礼节，人们见面时都要互相行礼问好。您若是头一回接触新疆的少数民族，不仅会被他们的外表所打动，也一定会为他们的见面礼节所吸引。

维吾尔、乌孜别克等民族的男子见面时，先是将右手扪在左胸，同时上身向前倾斜，伸出右手相握，同时左手轻握对方手背，问好互道"艾萨拉木"或"提其力克木"（问候语）。若面对的是贵客和长辈，则要双手交叉在胸前，点头鞠躬说"萨拉木"，并伸出双手握手问候，表示尊重和礼貌。妇女相见时，乌鲁木齐、喀什等地的女性相互拥抱，两颊相贴，然后互致问候，甚是亲热；其他地区多行握手礼。如果双方很久未见，必有诸多嘘寒问暖、互祝身体健康和家庭安乐的问候。男女相见时不握手，只相互问候。

长期生活在牧区的哈萨克和柯尔克孜等民族对人格外热情，见面时都要伸出双手握手问好，互道"萨拉木"之后，还要问七八个"阿曼"（平安），内容主要是问候老人、妻儿、兄妹及牲畜等。青年人在路上遇到年长者时，要下马问候。妇女见面时，一般是点头问候，若两人较长时间没有见面，则要相互热情拥抱。

维吾尔女性见面礼

敬献哈达

  蒙古人特别注重对人的问候请安。同辈相见，多行握手礼。晚辈与长辈相见时，晚辈向老人点头、鞠躬，并"问安"。和客人见面时，礼节十分隆重，得知客人要来的消息后，要在地界那里等候，还要准备酒肉和奶制品。见面时要敬献酒和哈达，表达主人对客人的热情和真诚。离别时要到地界那里送行，并要敬酒献歌。

  塔吉克人的见面礼别具特色。一般平辈男子相见时，先行握手礼，然后俯身互吻对方的手背。关系密切的兄弟、亲戚或近邻久别重逢，则彼此拥抱。不同辈份之间，晚辈吻长辈手心表示尊敬，长辈吻晚辈前额表示亲切。女性相见，平辈互吻面颊或行碰鼻礼，近亲之间则吻唇。男女相见，若年龄相仿，多行握手礼。如果男子是近亲或长辈，女子则吻其手心。父母子女相见，子女一般吻父母的双手，长辈可以吻晚辈的面部，但父亲、公公不能吻女儿、儿媳的面部。

  锡伯族十分注重礼节，见面时大都握手问好。晚辈与长辈、儿女与父母、久别重逢的同辈，以及老人与老人相见时，要行"打千"礼，即把左腿向前迈半步,双膝弯曲,双手按在左膝盖上问好。所不同的是,老人与老人、同辈之间同样以"打千"礼还礼,而长者对年轻人只是应一声就算回礼。妇女不行此礼,但男性向女性同辈行此礼时,妇女也须"打千"应礼。现在,平辈之间一般握手,对长辈仍行"打千"礼。每逢过年,晚辈要给长辈下跪磕头祝贺。

塔吉克男子见面礼

俄罗斯族是个热情开朗的民族。亲朋好友见面时,一般要拥抱,并亲吻面额。相识的人每天第一次见面时要彼此问候。

读者朋友了解这些礼仪,到了新疆就会显得彬彬有礼,获得好感和欢迎。如果对方是穆斯林,在行抚胸礼的同时说一声"艾萨拉木",对方会更加高兴。

尊老爱幼的美德

在哈萨克人中流传着这样一个故事:很久以前,有一位国王认为人老了就没用了,于是发布命令,凡是有60岁以上老人的人家,必须把老人扔到野外去,违抗者全家处死。有位青年不忍将年老的父亲扔在荒山野林,就把父亲藏在一个大木箱里。一天,这位青年被国王召去远征,他用一头牛驮着装有父亲的木箱上路了。远征的队伍来到大漠时,水喝完了,国王很是着急。他下令:谁能找到水,就重赏。

年轻人将此事告诉了父亲。父亲让儿子把箱子放下，把牛放开，跟着牛走，牛鼻子闻的地方的下面就能挖到水。年轻人就这样找到了水。又过了几天，队伍来到一个大湖边，国王看到水里有一束耀眼的光，怀疑水中有宝石，又下令：谁若能找到宝石，就可以做我的大臣。年轻人又对父亲说了此事，父亲告诉了他如何能找到宝石，但要求儿子在找出宝石前向国王提两个条件：一是原谅青年违抗了国王的命令，二是让国王取消抛弃老人的命令。国王答应了年轻人的条件，年轻人也将宝石找到并交给了国王。国王取缔了抛弃老人的命令，并向老人赔了礼。至今，哈萨克人中还流传着"60岁的老人智慧多"的名言。由此可见，敬老的习俗作为一种优良传统，源远流长。

哈萨克人有句谚语："年轻人登门要干活，老年人登门要款待。"在哈萨克家庭里，老年人基本不承担家务劳动，只做一些力所能及的活儿。家里或阿吾勒（牧村）中有什么大小事都要请老年人商量操办，

载歌载舞的维吾尔老人

由老年人做主持。每年第一次熏好的肉,要先让老年人品尝。冬宰时获得的牛、羊的头要留到第二年诺鲁孜节时敬献给家中的老人。老年人去做客或外出归来时,年轻人会主动上前帮老人卸下马鞍,并给马饮水喂草。

维吾尔人对父母很孝敬,尊从父母的意见,在任何情况下不与父母顶撞;有什么好吃的总要留给父母,吃饭时先给长辈盛饭;结婚以后经常回家探望父母。在节日里,孩子先拜访父母,

本书作者与父母共度佳节

晚辈先拜访长辈。每次丰收,首先向长辈送礼;瓜果熟了,头一个送给长辈品尝;用新面粉做出的饭也先让老人吃。有些人自己家没有长辈,即使有,也常常把年纪最大的老人当作自己家的长辈看待。青年人当着老人的面不得吸烟、喝酒,不能放肆谈笑。

维吾尔等民族认为老年人和长辈是有大智大慧的人,不能直呼其名,而多在名字后面加上合适的称谓:对男性一般加"波瓦""群达达"(相当于汉语的"爷爷")、"阿塔"(相当于汉语的"伯伯")和"阿卡"(相当于汉语的"叔叔""大哥")等;对女性一般加"莫玛""群阿娜"(相当于汉语的"奶奶")、"阿帕"(相当于汉语的"大妈")和"阿恰"(相当于汉语的"大姐")等。

蒙古人倡导尊敬长者,有谚语"衣有领子,人有先辈兄长","对于长者应尊敬七分,对于弟兄也应尊敬三分"为证。如果家里来了年

岁大的长辈，必须迎上去把马接过来拴好；长辈要走时，也要牵马扶其上鞍。如在路上遇见长辈，晚辈必须从马上下来，或者慢步走过去，亲切主动地问候请安。

　　锡伯族曾把尊重老人作为一条重要的家规。例如，有的家规中规定，"斜视老人掌脸"，"谩骂老人的人，要在莫昆会议上惩办"等。平时节庆和红白喜事上，先让老人坐上席。在大街上遇到老人，骑马、乘车者要下来让道或上前"打千"行礼。见老人进门，晚辈要让道，请长辈先进。老人教导时，年轻人必须束手聆听。老人们谈话时，晚辈不可随便插话。年轻人不能与长辈同桌饮酒。老年人的衣服鞋帽等不可随便翻动，尤其是帽子不能随便拨弄。不照顾老人，让老人干重活或不赡养老人的人，会遭到社会的耻笑与斥责。晚辈不能直呼老人的名字，因此，在锡伯人中，有的孙辈直到祖辈去世还不知道他们的名字。

　　虽然在塔吉克社会中男性为家长，但在日常生活中，塔吉克妇女

尊老爱幼

很受人们的尊重。如若一群人去做客、拜年或参加婚礼、葬礼等活动，主人将来客中年龄最大的妇女视作最为尊贵的客人，进门时请她先进，其他人则以先女后男、先大后小的次序进屋。在塔吉克人家中，左炕为上席，右炕为下席。客人进屋后，女宾坐左炕，女宾中最年长者坐首席。为客人上肉时，主人要把塔吉克人认为最珍贵的羊头和羊尾优先献给席中最年长的女宾。平时相见，幼辈男女都要吻女性长辈的手心。

尊老的同时，爱幼也是新疆各民族的美好风尚之一。维吾尔、哈萨克等民族爱幼风尚很浓，长辈经常为孩子祈祷，祝愿他们健康成长；很疼爱孩子，不随便打骂孩子。去别人家做客，一般要给小孩带一点小礼物。父母出门回来也会给孩子带一点吃的，哪怕是几颗糖果。

不仅如此，他们还注重对孩子进行道德教育，教育孩子要尊重老人、尊敬长辈，见了老人和长辈要行礼和问好。当家中有客人来时，男孩子要主动帮客人牵马、牵驴。饭前饭后客人洗手时，多由孩子提着水壶为客人倒水。晚上，女孩子要为留宿的客人铺床。现在很多地方仍保持着这种传统的礼节习俗。

互助友爱重情义

新疆境内的各个少数民族都是重礼仪、重感情的民族，团结互助友爱是每个民族的人自觉遵行的良好社会风尚。

在牧区，无论是否相识，无论是哪个民族，无论语言是否相通，只要来到哈萨克人的毡房门前，主人就会伸出援助之手。哈萨克人中流传着这样一句谚语："只要沿途有哈萨克人，哪怕你走一年的路，也用不着带一粒粮、一分钱。"哈萨克人长期生活的牧区地广人稀，牧民外出时，凡有毡房的地方，便成了人们歇息和投宿的地方，自然也可让人免受饥寒之苦。

在同一个阿吾勒里，哈萨克人之间关系十分融洽，大家亲密无间、

农田中互助劳作的维吾尔人

友好相处。无论谁家第一次做出酥油、第一次宰羊煮肉、第一次熏肉，都要拿出一部分与大家一起吃，共享"第一次"的欢乐。先搬来的对后搬来的也要进行招待，并帮助卸东西、撑毡房、收拾东西。第一次见面时，每家都要送给新邻居茶和馕，表示欢迎和友好。哈萨克人把这种礼俗称作"伊肉力克"，意思是对新邻居的款待。

对转场路过阿吾勒的人家，不论认识与否，妇女们都会出来送马奶子、酸奶子等给大人小孩解渴。在转场途中，若哪个哈萨克人家遇到灾难，全阿吾勒的人都会根据自家的情况给予帮助和支援。在大忙季节，如转场、剪羊毛、打草和修圈棚时，人们都会互相帮助。婚丧嫁娶更是左邻右舍和亲朋好友们必须关注的大事。举行婚礼时，草原上的亲朋好友都来祝贺，每一个哈萨克人对部落内任何一家的婚事都像对自己家的事一样，热情以待，尽力而为。

相互帮助被哈萨克人看作美德，如果谁拒绝帮助有困难的人，那么，他也就失去了被别人帮助的权利，同时，还被同部落的人视为破坏礼俗的人。

维吾尔人十分讲究邻居间的和睦相处，有着乐于助人的风尚。邻里之间有什么事，大家都互相帮助。若是家里做了好饭，总要分赠左邻右舍品尝。无论谁家举行婚礼、葬礼，大家都主动去帮忙。谁家有了丧事或生了小孩，女性亲朋好友和邻里要送"塔瓦克"（一大盘抓饭、烤包子等好饭或糖果点心等）。

回族民间故事《薛大和银铃》同样反映了这种互助友爱的良好习俗：很久以前，在新疆米泉县干柴岭下河湾里有一个回族聚居的村落，住着三十几户人家。薛大因父母早亡成了孤儿，庄子上的人们像对待亲生儿女似的照顾他、抚养他，银铃姑娘和她的母亲对薛大尤其好。薛大和银铃长大成人，薛大勇敢勤奋，各种武艺样样精通，银铃美丽聪明，绣花织布样样行，歌唱得非常好听。有一年庄上流行大肚子病，只有在3个月内得到万石崖的豹子胆和万花山的马莲仙才能治愈。于是薛大带着4个后生去万石崖，银铃带着4个姑娘去万花山，历经千难万险，终于得到了豹子胆和马莲仙，庄子里的人得救了。人们为了表达感激之情，为这对年轻人举行了一场盛大的婚礼。

在塔吉克村庄，民风古老纯朴，亲友邻里之间的互助合作不只是一种风尚，也是一种社会规范。一家的婚丧嫁娶是整个村子的人共同的事，一家盖房、修渠，亲邻也都来帮忙，不计报酬。塔吉克人认为，帮助经过自家门的过路人是自己应尽的义务，同时，自己出门在外时也会受到其他牧民的帮助和款待。这样的互助习俗，在地广人稀的辽阔牧区和高山深谷中是必不可少的。

塔吉克人居住的塔什库尔干，被人们誉为"不会丢东西的地方"。居住在这里的塔吉克人素有不偷不抢的传统美德。他们重义气，讲信用，不要不义之财，极端蔑视和憎恨偷盗行为，把拾金不昧视作一种高尚的美德。这里的牧民不用锁，房门只挂一个毡门帘。人们出外办事，不用担心屋里的东西或晾在外面的衣服会丢失。他们若发现有人遗落在路上的东西，从不轻易拿走，也不乱翻，而是把东西放在路边或明显的地方，并用石头围起来，做出特殊的标记，使失主回到这里能很快找到丢失的东西。据说，塔什库尔干曾发生过这样一个的故事：一位汉族画家到这里出差，不慎将一支铅笔丢失在路上。拾到铅笔的塔吉克牧民足足在路边等候了4个多小时，直到那位画家返回路过此地时，那位牧民奉还了他的铅笔。事后，这位画家逢人便说，在塔什库尔干一分钱也丢不掉，这是个不会丢东西的地方。这个夜不闭户、路不拾遗的地方，也是群众警惕性很高的地方。塔吉克牧民说："草原是牛羊的天堂，不是豺狼躲藏的地方。"所以，但凡有人想干见不得人的事，都躲不过他们雪亮的眼睛。凡到过塔什库尔干的人，都会为这里的和谐安定而惊叹不已。

聚会跳舞的塔吉克群众

给洗手水的礼节

"洗手礼"是指维吾尔、哈萨克等民族民间礼尚往来活动时,主人亲自或特意安排专人向客人掬起的手掌倒水,请客人洗手。不论祝贺家庆还是祭奠家难,或为娱乐而请客人赴家宴,都要根据来客的多少事先安排一两个或几个后生担负"给洗手水"的工作。

当客人们陆续到来的时候,洁衣盛服等候在门前迎宾接友的主人便迎上去,欠身施礼的同时,热情地伸出双手。宾主以握手礼相见后,主人请客人进屋入席。被主人接待过的客人便由等候在客厅门前的年轻人以"给洗手水"的传统方式接待。接待者右手提壶,左手端着接水盆,肩搭毛巾,笑容可掬,表情谦恭地请客人洗手。不把接水盆放在地上而端着,是为了表示对客人的敬重。讲究的家庭会用铜制的专用洗手壶和洗手盆。水不能太凉或太热,"给洗手水"的人要先把水浇在自己手上,试一试水的温度。一般规矩是倒水3次,洗手3次。若您觉得手没有洗干净,还可以要求多倒一两次。客人在年轻人的服侍下洗完手后,接过毛巾,一边擦手一边以各自的方式表示谢意,然后在专人的引导下进屋入座。对家里来的贵客"给洗手水",一般在客人坐定、宾主寒暄之后,敬茶食之前进行。饮食结束之后,人们会在长者的带领下,肃穆而虔诚地祈祷。那时,您也会深受感染,真诚地感谢上天赐予我们食物。

维吾尔等民族洗手必以冲洗的方式进行的习惯,与他们传统的进餐方式有关。维吾尔人接受筷子作为进餐工具并普遍使用以前,人们除了吃汤面片或玉米面粥等稀饭和汤饭时用小木勺以外,吃其他的饭食均是直接用手抓来送到嘴里吃。手是人们在生活中无处不用、无时不用的,最容易受到污染,因此,经常洗手才能保证健康。

维吾尔和其他一些民族的人认为盛在脸盆中的水是"死水",是不洁的,不能用来洗手洗脸,要专门用净壶倒水,用冲洗法洗濯才是

洗手礼节

干净的。

维吾尔人特别重视水源的清洁,严禁向河渠内倒污水或在河中冲洗衣物。这种讲究清洁卫生的良好习俗,对于我们是有启发意义的。

被赋予神力的巴塔仪式

巴塔,主要是以祈祷、祝福的形式,表达对美好生活的祈盼和渴望。巴塔仪式在哈萨克、柯尔克孜民间生活中普遍流行并占有重要地位。巴塔既可以个人,也可以集体的形式进行,形式多样,如在殡礼仪式中念诵的"加纳扎巴塔"、为亡魂念诵的"伊斯兰教经文巴塔";每日5次礼拜念诵的巴塔;在婚礼、节日、宴会前后、布施及为准备过冬而宰牲畜时念诵的巴塔;人们出门远行或英雄出征前,也要接受德高望重的长老们念诵的巴塔;为了让儿童免于灾难,要为儿童做专门的巴塔,祝愿他们健康、幸福地成长。现在我们来听听一位长者为一个新生的婴儿做的巴塔:

我牵起你的双臂，
让你的心灵充满光明。
我向新生儿祝福，
给你我衷心的祝福。
愿我们的宝贝可爱，
你将聪明伶俐，
你将像高耸的白杨一样挺拔，
你将自强不息，前程似锦。
奥明

再听听对一对新人的祝福：

啊，愿胡大赐予你无穷的财物，
人丁兴旺四畜繁衍，
长命百岁寿若南山，
肥壮的牛羊撒满山岗，
豁达大度受人敬仰，
无尽的财富源源不断，
真主的恩赐常驻身边。
啊，愿胡大支持你发财致富，
结交克孜尔一样的伙伴，
每年都有八百只母羊把羔产，
奶茶羊肉的翻滚声从锅中传，
财流滚滚喜事不断，
幸福鸟落入你的天窗。

悼念亡人

　　一个哈萨克人一生中要接受无数个"巴塔",也会给予他人许多个"巴塔"。人们普遍相信,如果得到"阿克巴塔",即美好、真诚的祝福,就会做事顺利,吉祥如意;如果得到"帕可斯巴塔",即诅咒、倒霉的巴塔,就会遭灾逢难,做事不顺利。巴塔的内容非常丰富,一部分巴塔的内容为《古兰经》教义,大部分巴塔的内容为表达人们美好愿望的祝词,如祝愿人畜平安,乡亲幸福,家里老人健康长寿,以及年轻人博学多识等。哈萨克族曾有众多以念诵巴塔而闻名于世的人。哈萨克人常邀请名声显赫的长老、巴克思(哈萨克民间史诗歌手兼巫师)、毛拉、英雄和雄辩家举行巴塔仪式。他们往往即兴吟诵祷词、箴言和诗句,表达人们的愿望。其中一些优秀的祷词、箴言和诗句,广为群众记忆和传诵,巴塔词也成为民间文学体裁之一。

　　巴塔的另一种,称为"巴塔奥克尔",是为死者举行的祭奠仪式。死者的亲戚在周年祭日或以后的日子,携带牲畜和财物,慰问死者的家属,并请宗教界人士念诵伊斯兰教经文祈祷。

风情新疆

各具特色的衣住行

新疆是一个令人心驰神往的地方，这里生活着维吾尔、汉、哈萨克、回、柯尔克孜、蒙古、塔吉克、锡伯、满、乌孜别克、俄罗斯、塔塔尔、达斡尔等民族，民族风情独特多样。走进新疆，就好像走进了绚丽多彩的民族百花园。那多种多样的绣花帽、皮帽，五彩缤纷的服饰和首饰，会一一映入眼帘，使人置身于花的海洋、美的旋律中；那各具特色的民居，流动的牦牛、骆驼、马车、毛驴车，使您体验到浓郁的民族风情。

色彩斑斓的服饰

新疆少数民族的传统服饰色泽艳丽、种类繁多，富有浓郁的地方特色。男性讲究潇洒、实惠、舒适，喜欢黑白效果；女性讲究美观、艳丽，喜欢对比色彩，使红的更亮，绿的更翠，衣裙服饰犹如春天盛开的鲜花，五彩缤纷。远看那五光十色的花帽、头巾，花团锦簇的衣裙，耀眼闪灼的胸花、项链、耳环，一群人好似一片花圃，一个人就像一株鲜花。

五彩缤纷的服饰

色泽缤纷的花帽

走进新疆,您会看到,新疆的少数民族喜欢戴各种富有美感的花帽。特别是居住在天山南北的维吾尔人,无论男女老幼,都喜欢戴绣工精致的四楞小花帽(维吾尔语称为"朵帕")。这种小花帽不但实用,而且是一种具有装饰美感的工艺品。可以说,绣花帽"朵帕"是维吾尔人最具特色的头饰。花帽的花样多达十几种,多用黑白两色或彩色丝线绣出各种花纹图案,花纹变化多端、千姿百态,不同年龄、不同地区的人有不同的喜好。巴旦木朵帕、奇曼朵帕、玛尔江朵帕、格来木朵帕、阿勒屯卡达克朵帕等花帽样式是维吾尔人最喜欢的几种。这些图案各异的花帽,有的彩珠连串,光彩夺目;有的庄重典雅,和谐大方;有的骨式棱角分明,纹样绵密;有的造型扁浅圆巧,色彩柔和;有的看上去宛若五谷丰登的良田;有的看上去好像万紫千红的花园。小伙子戴上显得英俊潇洒,姑娘戴上显得更加美丽动人,小孩戴

各式各样的花帽

上显得活泼可爱，中老年人戴上显得肃穆端庄。

和田地区于田、民丰等地维吾尔妇女的帽子十分别致。她们头披白纱巾，右侧头戴口大顶小、直径八九厘米的于田小帽。这种帽子形如倒扣的小茶碗，远看宛若一朵盛开的鲜花；一般为黑色，分里外两层，外层用黑色羊羔皮做成，帽顶一般用黑色、白色或红色绸缎做面，办丧事时戴黑色或白色，喜庆节日戴红色；用别针固定在纱巾上，与洁白的纱巾形成强烈反差，格外引人注目。如今，于田小帽作为世界上最小的帽子，被收入《吉尼斯世界纪录大全》。

哈萨克人的帽子也很有特色，多用红色、紫色、绿色或黑色的绒布制成，用彩色丝绒线、金银线绣花，饰以珠子等装饰，并插有猫头鹰的羽毛。猫头鹰被哈萨克人看作吉祥之物，同时也象征着勇敢和坚定。"塔克亚"和"布尔克"是姑娘们最喜欢戴的帽子，通常在帽顶插一撮猫头鹰羽毛，戴上不仅美丽动人，同时也寓意着姑娘们勇敢、坚定。"塔克亚"是下沿大、上沿小，帽壳较硬，帽顶绣花，帽沿用

于田维吾尔人的独特服饰

哈萨克妇女手工刺绣

珠子镶成各种美丽图案的圆斗形绣花帽。"布尔克"是一种用红色或黑色布、绸或水獭皮制作的圆帽子,帽顶绣花,与帽顶相接的部位用各色珠串装饰,在珠子、玛瑙之间镶有用金银做的空心插子"吾库",用以固定猫头鹰羽毛。哈萨克姑娘最漂亮的头饰当数出嫁时戴的尖顶高帽——"沙吾克烈"。帽里用毛毡制作,帽面蒙以绸缎或绒布,帽上绣花,并用闪闪发光的金银珠宝装饰,帽的前沿还饰有串珠垂吊脸前。新娘在婚后一年内出门做客时要戴这种帽子。

柯尔克孜男女也喜欢戴各色丝绒圆顶花帽。女性帽子装饰较多,十分漂亮。未婚姑娘戴的帽子多用红色丝绒和水獭皮、旱獭皮做成,四周嵌有小珠子,顶系珠子、缨穗,或插猫头鹰、雪鸡羽毛。

塔吉克妇女喜欢戴刺绣精美、带耳围的绣花棉帽——"库勒塔"。

手工织绣的柯尔克孜妇女

帽后部稍长,像块棉帘,可护住耳朵和颈部。这种帽子戴上不仅美观,而且还能御寒,很适宜高寒山区使用。制作"库勒塔"是塔吉克妇女的一种手艺,帽子上的图案种类繁多,五彩缤纷。出门时,她们喜欢在帽子上披上大头巾,头巾随风飘扬,英姿飒爽,别有一番风采。

遮风御寒的皮帽

由于新疆冬季寒冷,维吾尔、哈萨克、柯尔克孜和塔吉克等民族的男性喜戴各类皮帽和毡帽。维吾尔男子多戴"吐马克"和"库拉克恰"。"吐马克"用羊皮制作,绒毛在内,皮板在外,顶部有 4 个厚大的棱角,帽沿下露出一圈白色或黑色毛边。维吾尔农民多戴这种帽子。英吉沙一带的男女农民戴的"吐马克"很有特色,它以黑色羊羔皮做面,高约 30 厘米,戴在头上,威武潇洒,很像英国皇家卫队骑士们戴的帽子。城里人冬天则更喜欢戴用羊羔皮或旱獭皮、貂皮制作的圆形皮帽——

各具特色的衣住行

"库拉克恰",这种帽子两侧有帽瓣,可以上下活动。

哈萨克人的"吐马克"皮帽很有特色,帽里多用狐皮或羊羔皮,帽面多用彩色绸缎,帽顶有4个棱,左、右两耳及脖后带有3个垂帘扇,可遮风雪、御寒气。还有一种外形似圆锥的尖尖帽——"库扎帕热",下雪刮风时,可加套风帽(披风)。

一谈起柯尔克孜人,人们自然会联想到

维吾尔人的皮帽

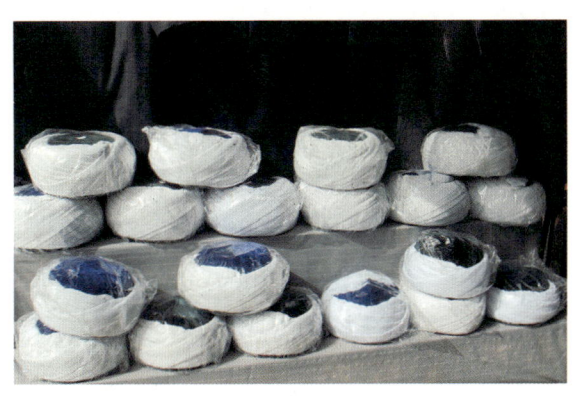

赛兰

柯尔克孜人的帽子

"卡勒帕克"(白毡帽)。白毡帽是柯尔克孜男性最具特色的服饰,成为柯尔克孜人的一个重要标志。它由羊毛制成,帽里下沿镶一道黑布或黑平线,向上翻卷露出边;有圆尖顶或四方顶的,帽顶有的饰以珠子和缨穗。在柯尔克孜民间流传着这样的传说:古代柯尔克孜人最早戴的是黑毡帽。在一个黑

29

哈萨克人的皮帽

塔吉克男子的皮帽

夜，柯尔克孜汗玛纳斯与卡勒玛克（西蒙古）人交战，获得了大胜。因卡勒玛克人戴的也是黑毡帽，狡猾的敌人便混入玛纳斯的军队中，不仅逃脱了玛纳斯的追杀，反而从背后向玛纳斯杀来，使玛纳斯功败垂成。此后，玛纳斯为了战争的需要，将黑毡帽换成白毡帽，以与卡勒玛克人相区别。起初，这种白毡帽为军帽，后来逐渐成为柯尔克孜男子通用的帽子。

"托尔齐克"是蒙古男子传统的帽子，圆形，类似于瓜皮帽，帽顶结有朱英，有护耳带。冬季戴的"托尔齐克"用毛毡制作，用水獭皮、貂皮等上乘兽皮做护耳带，护耳带亦用缎子，较长。夏天，他们则喜欢戴呢料大沿礼帽，显得潇洒大方。

塔吉克男子冬季也戴"吐马克"，但他们的"吐马克"与其他民族的不同，为圆筒高帽，帽里用优质黑羊皮，帽面用黑绒布，多镶红色、蓝色丝绒或绸边，并绣有数道花纹，戴上显得威武而英俊。天暖时可将帽子向外卷起来戴，寒冷时可以拉下帽边，遮住面颊和双耳，抵御风雪。

掀起你的盖头来

漫步在新疆，特别是南疆的巴扎上，五彩缤纷的头巾会不断映入您的眼帘，仿佛朵朵鲜花盛开在原野上。头巾作为一种文化传统，延续着浪漫绚丽的民族情调。

新疆少数民族妇女非常喜欢戴各种花色的方头巾，每一位妇女少则有四五条，多则有十余条。冬季，妇女们喜戴毛织头巾和绒毛头巾。有的头巾非常大，披在肩上可以遮住臀部，既可以保暖，又可以起到装饰作用。春、夏、秋三季，妇女们多戴花色繁多的纱巾。夏季受维吾尔妇女青睐的"依派克"（丝）头巾，色彩斑斓，薄如蝉翼。

回族妇女一般蓄发、挽髻或编辫，戴披肩盖头或头巾。年轻妇女戴的盖头较鲜艳，老年妇女的盖头较淡雅。盖头斜角对折，仅露面颊，

琳琅满目的头巾

女孩的亮丽头巾

老人的淡雅头巾

不露头发,将两角拉拢扣在下颌下,让其自然垂下披在身上。

哈萨克已婚妇女戴的头饰,类似于回族妇女的盖头。盖头用料十分讲究,现在大多选用纱布、绸缎、乔其纱等腰三角形面料。这种头饰用白色布料缝制,从头顶贯下,可遮住头、肩和腰部,直达臀部以下,戴上以后只露出眼睛、嘴巴和鼻子,其他地方则遮得严严实实。年长的妇女戴的"克依米谢克"比较素,没有花纹和图案,年纪轻的妇女戴的"克依米谢克"比较艳丽,头顶、额头、两颊、胸前绣有图案和花纹。

连衣裙·袷袢·蒙古袍

维吾尔、哈萨克等少数民族妇女爱着色彩鲜艳的连衣裙,里衬花布或彩绸长裤,外套深色对襟绣花坎肩。维吾尔人、乌孜别克人的连衣裙宽大,胸前多褶,长及腿肚。哈萨克人、柯尔克孜人的连衣裙下摆多皱裥。哈萨克、柯尔克孜妇女坎肩前胸饰有彩色有机玻璃扣、银扣、铜钱、珠子，走起路来铿锵作响，饶有风趣。塔吉克已婚妇女在外出时系三角形的绣花腰带，臀后系后围裙，以保护裙子，增强美感。维吾尔、乌孜别克妇女非常喜欢穿用"艾德莱斯绸"（即扎染绸）缝制的连衣裙。这种采用古老扎经染色工艺染制的丝绸，被维吾尔人誉为"玉波甫能卡纳特古丽"（布谷鸟翅膀花），隐喻这种花绸能给人带来春天的气息。这种丝绸颜色或黑白相映，或绯

穿艾德莱丝绸裙的姑娘

绿争艳，花纹晕染幻化，富有浪漫色彩，穿在身上如彩云飘忽，光彩闪亮。艾德莱丝绸衣裙再与摇曳的耳环、闪光的戒指、手镯、项链等饰物交相辉映，使人顿生异彩纷呈、摇曳多姿的美感。

于阗是古代西域著名的佛国，汉朝（前206—公元220）时那里的人们还没掌握缫丝织绸的生产技艺。为了得到蚕桑之种，于阗王"命使以求"，但汉朝皇帝"秘而不赐"。于是，于阗王"卑辞下礼，求婚东国"。皇帝"允其请"后，于阗王便嘱咐迎亲使臣："尔致辞东国君女，我国素无丝棉桑蚕之种，可以持来自为裳服。"聪明的公主把蚕桑籽机智地藏在帽絮中，躲过了关吏的检查。从此，和田才有了蚕桑业。现在，拜城克孜尔千佛洞和敦煌莫高窟千佛洞还保留着桑蚕公主故事的壁画。用"艾德莱斯绸"缝制的服装现已成为最具代表性的维吾尔女性传统服饰。

于田维吾尔人的服饰独具一格，与小帽配套，妇女们多穿胸部排

维吾尔人的袷袢

列有 7 条尖头对称的天蓝色绸补条形图案，领口、袖口和底部镶有同样颜色边缘的"派里间"（长袷袢），这种服饰会使初次见到的人感到古朴、典雅。这身服饰不是所有的女人都可以穿的，是已婚并育有子女的妇女的专利，它是身份的象征、成熟的显现、德行的标志。

新疆少数民族男子的传统服装比较宽松、朴实，多用黑、蓝、白布料，或蓝、灰、白、黑等本色团花绸料，以及各种宽窄相间的彩条料等制作。维吾尔、乌孜别克等民族的男子多喜穿开襟、过膝、右衽直斜、无扣、无袋的"袷袢"（外衣），内穿套头衬衣，并且喜欢在腰间系一条方巾腰巾或黑、棕、蓝等深色长布腰带。"袷袢"形似日本的和服。腰带则起到了扣子和口袋的作用，维吾尔农民过去常将食品和其他一些零星物件绑在腰带里，随用随取，十分方便。

蒙古人和达斡尔人喜穿袍子，俗称"蒙古袍"，腰扎红、黄、绿彩色缎带（已婚妇女不束腰带）。男袍朴实，女袍华丽。蒙古袍为右开襟，不开衩，袖长而窄，高领，宽下摆，适合于牧区生活，骑马放牧时起到护膝防风的作用,夜间还能做被子,有单、棉之分。冬天,牧民主要穿皮袍。

维吾尔、哈萨克、柯尔克孜和塔吉克等民族非常爱花,喜欢在衣服的领口、胸前、袖口、肩、裤脚、腰带等处用彩线绣上各种精美的花卉、花纹图案,有时缀上彩珠和各色亮片等装饰品。

新疆大多数民族的男女都喜穿长统靴,有皮靴和毡靴两种。维吾尔人、乌孜别

土尔扈特蒙古族服饰

塔吉克族服饰

女式皮靴

克人还喜欢在皮靴外面穿套鞋，既保暖，又可以保护皮靴。塔吉克人的皮靴一般染成红色，靴筒用野羊皮缝制，靴底用牛皮、牦牛皮等制成，防寒防水，轻柔坚实。蒙古人有一种靴子极为独特，称为"恰日格"，是用一块生牛皮四周穿上牛筋作系带，内套毡袜，行走轻快，耐磨。

维吾尔姑娘的辫子

"宛若麦加的壁龛，你浓黑的眉毛；莫非像圣柳一样，你长长的辫子。"

"伊犁河的姑娘，像石榴花一样，黑黑的一对大眼睛，辫子拖在地上。"

这两首民歌，是对维吾尔女性黑眉长发的赞美。维吾尔人以浓眉大眼、乌发长辫为女性外貌美的标准，蓄发辫有着悠久的历史。维吾尔妇女十分珍爱并精心保养自己的头发，以长发为荣。有的妇女发辫长及脚跟，有的妇女在束辫时加进一些长发，以实现她们对美的追求。在新疆泽普县举行的一次长辫子比赛中，发辫最长的达 1.65 米，其余的也都在 1 米以上。

这种以乌发长辫为美的风俗，使得母亲十分关注女儿的头发。当女儿还是婴幼儿时，父母就为女儿剃头多次，因为他们认为头发越剃越黑，越剃越多。剃头之后，还要用烧焦的桃仁或核桃仁抹头，据说可以滋养头发，使头发长得又黑又密又长。

维吾尔少女大多喜欢梳很多小辫。对此，有人说小辫是

维吾尔姑娘的辫子

年龄的一种标志，也有人说是未婚女性的一种标志。其实，主要原因还是维吾尔少女对美的追求。小辫象征青春少女发多如繁茂的树木，美丽多姿。至于发辫的多少，一般根据头发的多少而定：头发越多，扎的小辫就越多，也就越美，最多的可达 41 条。现在每逢诺鲁孜节，有很多维吾尔少女会梳小辫、戴花帽，以示对节日的庆祝。姑娘结婚后就不再梳很多发辫，改梳 2 根长辫子，并在前额留刘海，在两腮处留对称向前弯曲的鬓发。当妇女成为一两个孩子的母亲，年龄在 30 岁左右时，为她举行少妇礼仪式后，就要把刘海和鬓发也梳入两根长辫子中。

关于维吾尔姑娘梳小辫的由来，在民间流传着这样一个传说：在

很久以前，有个国家周围全是茫茫的沙漠。年轻的王子为了把沙漠治理成美丽的乐园，去找万能神求助。但是，要想找到万能神，必须要除掉一个会吃人的黄蛇妖。王子在沙漠里走了一个多月，有一天看见前面有一棵柳树，就在树底下搭起帐篷休息。夜里，他怎么也睡不着。过了一会儿，忽听天空中一阵巨响，他走出帐篷抬头一看，从西面天际飘来了一片彩云，把他和青鬃马卷起，向东飘了去。不知飘了多长时间，才落到了一个天水相连的湖泊旁。他正观看这迷人的景色，青鬃马低头在他腿上碰了几下，而后摇了摇鬃毛，说话了："我的主人，幸福就要来到你身边。待会儿太阳出来时，有3个姑娘要到湖里洗澡。待她们脱下衣服到湖里洗澡时，你就赶快把那件绿色的外衣藏起来。当主人找它时，你要求她做你的妻子。如果她同意了，你和你们国家都会得到幸福的。"说完，青鬃马腾空而起，向天空中飞去，越飞越远。不一会儿，果然从天空中飞来3只天鹅，落在湖畔，变成了3个美丽

扎辫子的姑娘

的姑娘。她们头上都吊着很多小辫,随风飘摆,在太阳的照耀下闪闪发光,美丽极了。红衣姑娘吊了18根,黄衣姑娘吊了17根,绿衣姑娘吊了16根。她们嬉闹着脱去外衣跳到湖里洗澡时,他赶紧拿起绿色衣服躲进了芦苇丛中。当姑娘们洗完澡上岸穿衣服时,吊16根辫子的姑娘怎么也找不到她的衣服。另外两个姑娘因时间不早了,就变成天鹅飞上了天空。王子看她俩飞走后,从芦苇丛中走出来,胆怯地告诉姑娘衣服在他那里。姑娘把小辫甩了甩,面带怒色地问他是什么人,为什么要偷她的衣服。王子就把自己从沙漠国来此地的目的讲了一遍。姑娘的脸上露出笑容:"原来是我的马哥哥让你做的。既然这样,我就做你的妻子吧。但是,要找万能神是不可能的。只要你有决心治服风沙,先把黄蛇妖杀死,以后的事我都能帮你办到。"王子经过一个半月的艰难跋涉,来到黄蛇妖居住的洞穴,勇敢地杀死了黄蛇妖,随后带着天鹅姑娘回到了沙漠国。天鹅姑娘履行了她的诺言,帮王子将沙漠国变成了绿洲,变成了花园。从此,这个国家的人民过上了幸福的生活。此后,当地人为了纪念天鹅姑娘给他们带来的幸福,就照天鹅姑娘的打扮,给姑娘们每长一岁就多梳一个小辫。

由于现代生活节奏的加快和审美价值观念的变化等原因,在城市里现已很少见到留长辫子的维吾尔姑娘了。但在广大农村牧区,维吾尔妇女至今还留着长辫。

天然化妆品

"掀起你的盖头来,让我来看看你的眉。你的眉毛细又长,好像那树上的弯月亮。"

美丽的维吾尔姑娘在王洛宾改编的那些充满柔情的歌曲里被反复传唱。听着这欢快动听的歌曲走进新疆的旅游者,无不被新疆维吾尔姑娘黑亮浓密的秀眉深深吸引。维吾尔妇女喜欢把眉毛描得很黑、很细、很长,甚至将眉心也连结起来。远看,在一对水汪汪的大眼睛上

卖奥斯曼的妇女

面,有一条波纹似的黑眉,真是别有一番情致。特别是她们在讲话时,常用眉毛来表达感情,从而使这又细又长的眉毛更富有魅力。

　　她们美艳如花,她们妩媚动人,她们的五官如此与众不同。这除了天姿外,还和她们所用的化妆品有着密切的关系。以黑眉为美的维吾尔妇女喜欢用"奥斯曼"的黛绿色汁液描眉。奥斯曼即板蓝根,汉族人从中医养生的角度用了它的根,维吾尔人则为了美丽而用了它的叶。她们认为,奥斯曼是眉毛的养料,经常用此描眉,就可以使眉毛长得更密更黑。每当春暖花开,维吾尔妇女就将奥斯曼的绿叶采来放在掌心上揉搓,挤压出黛绿色的汁液,把它滴在瓷碗底的窝窝内或小碟中蓄起来;然后用缠上棉花的小细棍蘸取,细心地涂抹在眉毛上,反复涂抹数遍;稍干后,用清水洗去浮汁,留下一层黑黛,使本来就很浓密的眉毛显得更黑更亮,可维持一个多星期不褪色。维吾尔母亲不仅自己涂抹,还会为自己年幼的女儿涂抹,让女儿双眉间的距离越来越短,眉毛又黑又长;最后还会将剩余的奥斯曼汁液抹在小孩的头发上,让其发黑辫长。天长日久,女儿成人时便有了一副青翠亮丽、弯月般生动的眉毛,就像歌词中阿拉木罕的眉毛一样。在没有鲜绿的奥斯曼的冬季,维吾尔妇女就用"苏尔麦"(石墨)来描眉和眼睑,会使眉毛显得更黑,眼睛显得更大,更富于神韵。

受新疆维吾尔人用奥斯曼草挤汁画眉的启发,新疆开发、生产了一系列"奥斯曼"产品,开启了维吾尔民间传统技术与现代科学相结合的成功之路。在新疆,走进任何一家大型商场,消费者都能够发现"眉眼专家"奥斯曼化妆品专柜。在琳琅满目的化妆品市场,"奥斯曼"以其植物性特征深受各族消费者青睐,也由此成为新疆长盛不衰的本土化妆品品牌。

维吾尔妇女为了保养美丽的乌发长辫,还喜欢用"依里木"抹发。沙枣树是南疆常见的一种防风固沙的植物,到老的时候会流出一种

明眸皓齿的维吾尔姑娘

胶，维吾尔语叫"依里木"。平时，她们把这种树胶收集起来，洗头后，将用水泡软稀释后的"依里木"涂抹在头发上。头发干后，辫子就变得又黑又亮，能较长时间保持头发的光亮整齐，在一周之内不会变型，而且还可以保护头发。这是任何"发胶"都达不到的效果，它是维吾尔人名不虚传的天然发胶。

在"海纳古丽"（凤仙花）盛开的季节，维吾尔妇女喜欢用它来染指甲。将其花瓣捣成泥，抹在指甲和趾甲上，睡觉前把手指和脚趾用布包好，第二天早晨就可使所有染过的部分变成鲜艳的橘红色，并且可保持数周不褪。

维吾尔妇女使用的这些化妆品是大自然赐予的，可谓名副其实的天然化妆品。

女人的首饰

佩戴耳环、戒指、手镯、项链等饰物是新疆少数民族妇女的共同爱好。维吾尔妇女尤其喜欢戴首饰。每逢节日盛会、喜庆之日、走亲访友、社交欢聚，她们总要把绚丽多彩、斑斓夺目的各种首饰佩戴齐全，配上鲜艳的衣裙，将自己精心打扮一番。此时的她们显得雍容华贵、仪态万方，更增无限风韵。哈萨克妇女爱用各种银元、银制品或各色珠扣做衣服上的装饰。柯尔克孜妇女喜欢在辫梢上系结许多银链和银币、钥匙等物，再用珠链系在一起。盛装的塔吉克妇女，帽檐上缀一排小银链，戴

塔吉克姑娘

大耳环，颈上绕数匝珠项链，胸前佩有一排圆形大银饰，手戴贵金属制作的手镯或戒指。新娘在辫梢饰丝穗，已婚少妇缀白纽扣或银元等。蒙古族已婚妇女通常梳两根辫子，套以辫套，辫套两端饰以黄边及彩线刺绣，下接黑色长带，上面饰以金银珠宝。在阳光的照耀下，女人的首饰闪烁生辉、异彩纷呈，令人赏心悦目。走在喀什老城的小巷中，您会听到叮叮当当声从路边的首饰作坊里传来。凭借简单的工具，维吾尔能工巧匠们就能打造出一件件造型别致、玲珑剔透的金银首饰。

盛装的锡伯姑娘

男人的腰带

新疆少数民族男子喜欢在腰间束腰带或皮带。腰带一方面可以起御寒和衣袋的作用，同时也是重要的装饰品，系上腰带后的男子显得雄姿勃勃、精神抖擞。他们还喜欢在腰间佩带一把明晃晃、亮锃锃的短刀，刀把上镶有五颜六色的假宝石，皮制的刀鞘带有精致的花纹。刀子不仅起到装饰作用，也是少数民族男性的好帮手：宰羊、吃肉、切瓜果、外出放牧时对付野兽，都离不了它。蒙古男子喜在左右两侧的腰带上佩带蒙古小刀和烟荷包。

维吾尔民间流传着这样一个故事：在很久以前，有一对兄弟上山去打猎。刚进山沟，弟弟就被突然从树林中蹿出的一只猛虎叼了去。弟弟拼命地叫："哥哥，快来救我呀！"哥哥拔腿就追，可是怎么也

精神抖擞的男子

追不上。他猛然想起弟弟腰中别着刀子,就放声喊道:"弟弟,救你命的哥哥在你腰中呢!"哥哥这样一叫,弟弟想起了腰中的刀子,于是拔出刀子,向老虎的前胸狠狠刺了进去,杀死了老虎。从此,维吾尔男子不论在家里还是出门,都随身带着刀子,以防万一。久而久之,维吾尔男子就有了佩带刀子的习惯。

随着社会经济的发展,各族人民的生活水平迅速提高,现在新疆各族居民的衣饰也发生了很大的变化。商店里琳琅满目的各色时装,成了各族妇女精心挑选的热门货;西装、领带、夹克衫、T恤衫更成了各族男子共同喜爱的现代时尚。今天的城市里,已很难从服饰上来区分谁是哪个民族的了。如今,在农村保留的传统服饰要多一些,但各式美观大方的现代服饰也越来越受到农村年轻一代的喜爱。

绿色环绕的家

新疆少数民族的住房可谓千姿百态、样式繁多，总的来说可分成牧区房和农区房两种类型。牧区的房屋大都以毡房为主，如哈萨克、柯尔克孜、塔吉克的毡房，蒙古人的蒙古包，也有木头房。

草原上的白色宫殿

夏季入山避暑，宿蒙古包，饮新鲜马乳，是新疆摩登乐事。但亦游牧民族风尚之残余。维、哈两族之"把爷"②每年夏季必率全家男女老小，坐自家之大车，带蒙古包、狗，至其羊群所在之山谷，过一个夏季的野外生活。秋凉归来，狗马皆肥健，毛色光泽如镜子面，孩子们晒成古铜色，肌肉结实。③

进入新疆，在广袤的草原上，远远的，首先映入眼帘的大概就是那白色蘑菇似的毡房和蒙古包了。

哈萨克、柯尔克孜、蒙古等游牧民族大部分生活在土壤肥沃、水草丰美的高山山麓、河谷、盆地之中。为了适应逐水草而居的游牧生活，他们的房屋以易于拆卸、搬迁方便又坚固耐用的毡房为主。毡房，哈萨克人称为"宇"，蒙古人称为"衣西格格尔"。远在西汉（前206—公元25）时期，远嫁乌孙的汉朝细君公主在《黄鹄歌》中写道，乌孙人"穹庐为室兮旃为墙，以肉为食兮酪为浆"。这里的"穹庐"指的就是毡房。这说明哈萨克先民早在2000多年前就已经住毡房了。由于毡房大多是用白色毛毡做成，人们称之为"白色的宫殿"。从远处望去，一幢幢白色的毡房，犹如闪烁在绿茵草原上的群星。

毡房一般搭建在水草适宜的地方，房高一般在三米左右，占地面

---

② "把爷"即巴依（音 bay），富人的意思。
③ 茅盾：《新疆风土杂记》，《旅行杂志》1942 年。

哈萨克毡房

积二三十平方米,由天窗、房顶、围架和门四大部分组成。大多是就地取材,用红柳木做成支撑杆和圆形栅栏,先构成毡房的骨架,然后在木栅栏外围上芨芨草编织的墙篱,再包上毛毡,顶部开有天窗,用以通风、采光。

　　毡房实际上就是移动的家园。哈萨克牧人为了将牛、羊养得膘肥体壮,必须在春、夏、秋三季转场,搬到有草的地方去,这就使得他们一年之中要搬多次家。到了一处新牧地,只要从畜背上卸下家什,个把小时就把一个新家重建起来了。同样,要转场到新的牧地,也只需个把小时就可把毡房拆卸了,把里外的东西用毛绳捆扎起来,放在马、驼的背上,又可以飘然起程,前往新的家园。所以,在牧区几乎每户牧民都练就了一手"绑驮子"的绝技,放在牲畜背上的家什,就是在崎岖山路上长途颠簸,也不会散落。

哈萨克毡房比蒙古包显得更小巧,墙壁与房顶的交界处更圆滑。内部的住宿和放物处两者大同小异,一般前半部分放物品、用具,后半部分住人、待客,正中对天窗处放炉子,进门左右两侧一般放马具、打猎用具。不同的是,蒙古包进门正面是供奉佛龛处。

毡房内外是一道美丽的风景,是浓缩了游牧民族文化的艺术天地。木制门板上雕有花纹,绘有图案,毡房门两边的草帘用一根根绕有红、黄、绿、白、黑等彩色毛线的芨芨草编织成对称和谐图案,吊在门上的毡子上有用彩色绒线绣出的各种鲜艳的图案。室内的毛毡、壁挂、门帘、窗帘、卧具都印有考究的典雅花纹,衬托出哈萨克人对绚丽色彩的钟爱。

哈萨克毡房内饰

搭建蒙古包

有一首民歌是这样描述蒙古包的：

因为仿照蓝天的样子，才是圆圆的包顶；由于仿照白云的颜色，才用洁白的羊毛制成。这就是穹庐，我们蒙古人的家庭。

因为仿照苍天的形体，天窗才是太阳的象征；由于仿造天体的星座，围壁才是月亮的圆形。这就是穹庐，我们蒙古人的家庭。

试想一下：一座座洁白的蒙古包散落在绿色的草原上，犹如朵朵绽放的花儿；成群的膘肥体壮的马、牛、羊，好像色泽圆润的珍珠滚动在绿色的大地毯上；放牧的蒙古人策马扬鞭自由驰骋，像雄鹰竞相在高空展翅翱翔——那是一幅多么美妙迷人的画面啊！

在新疆的阿勒泰、伊犁、博尔塔拉等地的草原上，经常可以看到一幢幢木屋。木屋是哈萨克牧民传统的住房之一，他们善于利用当地的资源建造各种精巧别致的房屋，用于冬季居住。一幢木屋可以住半个世纪以上，深受牧民的青睐。

花园式民居

生活在农区和城市的维吾尔、回、锡伯和达斡尔等民族的住房一般比较讲究。房屋多为长方形平顶房或起脊房（人字形房顶），每家住房多自成院落，喜欢在庭院内种植花木和果树。回、锡伯等民族的房屋多开壁窗，喜欢用剪纸装饰门窗。各族城镇居民则以住现代化楼房为主。

维吾尔人非常重视居住环境的美化和保护。庭院都很宽敞，一般分前院、后院或侧院，房前屋后几乎都栽有葡萄或果树，果木成荫，景色宜人。以家族为单位自成院落的民居，多为土木结构。庭院门多是双扇，可容马、驴车辆进出。门面采用镶边、贴花、雕刻等手法组

农民在自家果园里摘杏子

维吾尔庭院一景

成各种图案。传统住房多为平顶方形平房，经天窗采光，屋顶平台可以晾晒瓜果和粮食。住房多由兼作居室的客室、餐室、后室和储物用的小间组成。一般的住房至少三间，多者五六间，甚至七八间；中间多为堂屋，两旁是住房。室内砌实心土炕，屋内有壁炉。以住房为中心，面向庭院的屋室前多设较深的前廊。前廊下设炕台、床榻，供人们夏天户外起居之用。廊上有树荫、葡萄架，即使在夏季中午也格外凉爽。也有人家在房前用木板搭成宽大的木榻。入夜，望着深幽的夜空，点点繁星使人劳累尽释。沿外廊，在院内多架葡萄棚遮荫，形成夏天室外活动、纳凉的主要场所。夏秋时节，一家人围坐在葡萄架下，吃着自家院内栽种的各种瓜果，别有一番风味。

新疆是瓜果之乡，居住在乡村的维吾尔人几乎家家都有果园。果园内普遍种植杏树、桃树、桑树、梨树、葡萄等，也种植李子、红枣、石榴、无花果、核桃、苹果等果树。维吾尔人极爱花草，往往在院子里栽几株玫瑰、月季、夜来香、夹竹桃等。每逢鲜花盛开的季节，维吾尔姑娘、妇女摘一朵花戴在鬓角，男子们也常摘一朵花拿在手里，边走边放在鼻子前面闻。花香袭人，令人心旷神怡。

维吾尔农民喜欢养羊、牛和驴。每家至少养有一头驴，不仅日常

维吾尔现代民居

生活中使用，也是赶巴扎、走亲戚的主要交通工具。棚圈多建在后院或侧院内。维吾尔庭院在适应环境的基础上，也突出了实用性，将居住、观赏、养畜、园艺有机结合在一起。

维吾尔人的室内装饰很有特色。传统住房多砌一连灶土炕，三面靠墙，面积一般很大。炕上多铺有席子、毛毡、花毡、织毯、地毯等，可睡一二十人，为家人休息、就餐、待客的地方。墙面多挂色彩艳丽的墙围布或壁毯。堂屋的大炕一侧多放长条形大炕柜，柜面绘有花卉图案或雕刻花纹，上面整整齐齐地叠放着被子、褥子、枕头。房内墙面多开壁龛，大小不等，构成各种图案，与整个墙壁浑然一体，用于放置被褥、器皿、食品等家庭日用品。有的壁龛还精心构成各种几何图案，既是放置日用品的地方，也是装饰家庭的艺术品。住室修有壁炉，上为突出的拱形，下面有铁蹄形的炉台，用泥土靠墙筑成，为冬季烧柴取暖之用，并可烧水、做饭等。比较讲究的人家在壁龛和壁炉周围常施以石膏花。顶棚为露顶密梁，墙顶用带状石膏花或雕花做装

精美的室内装潢

饰，与略施彩绘的顶棚连为一体。室内通过这些处理，构成了维吾尔人特有的居住气氛。维吾尔人喜好清洁，他们往往把室内外打扫得干干净净。

现在很多富裕起来的维吾尔人修建了不少很有特色的民居，既保留了传统的前院后院的庭院风格，又融入了现代元素和气息。红砖与梁柱式木建筑相结合，室内外多用石膏浮雕、彩绘、雕花窗格、木雕组合和玻璃花等形式来进行装饰，充分显示出维吾尔建筑的富丽堂皇和独特的使用价值，体现出鲜明的现代气息。

蓝盖力——塔吉克庆典之屋

住在世界屋脊帕米尔高原上的塔吉克人过着农牧兼营的生活,传统的居住形式是半固定式的,人们一般在村中建有固定的房屋,在牧场还有专为放牧修建的住所。每年春播结束后,就赶着畜群到高山牧场;秋收季节来临,又回到村庄。村庄大多坐落在由高山雪水冲刷而成的草原地带,河流从村中流过。住房沿河两岸排列,形成狭长形的村庄。住房大都建在地势较高的地方,其建筑材料多用石块和草皮,屋顶用树枝、麦草再压上泥,墙厚而坚。建筑面积很大,一般有400—500平方米。住房四周均有围墙,周围种植少量树木。住宅的最主要部分是正房,塔吉克人称之为"蓝盖力"。房门很小,靠左墙角,朝东或朝南,以避西北风。进门处设一堵矮墙,墙后为跺脚、放靴的地方。走过土墙后便可进入正房。正房三面为土炕,一面为灶台。灶台正上方屋顶开有天窗,供照明和通风。正房是塔吉克家庭的主要起居地,全家人的日常活动主要在此,婚丧嫁娶也在此进行,故此房又

塔吉克村落

称为"麦丽开吾依"(庆典之屋)。房中家具很少,炕上铺毡子、羊皮或"帕拉孜"(粗毛织毯),日常使用的被褥叠成长条形摆在炕的一侧。用餐时,全家人盘腿坐在炕上,围成一圈。

随着时代的发展,如今新疆各族人民的住宅条件也发生了很大的变化。城镇居民住进了楼房,农牧区的农牧民也住上了宽敞明亮的砖房,沙发、大衣柜、电视柜、茶几、写字台等现代家具,电视机、冰箱、洗衣机、电脑等家用电器也进入了各民族寻常百姓的家庭。

古朴的交通运输工具

新疆各民族传统交通工具古朴而独具特色,除了我们熟知的马、骆驼、毛驴,还有牦牛和各种畜力车等。在交通发达的今天,对于坐腻了汽车或火车的游客来说,在草原上骑骑马,在沙漠上骑骑骆驼,在绿洲坐坐毛驴车、马车、雪橇,不失为一种新鲜的乐趣。

哈萨克人与马

新疆草原辽阔,自古就是良马的故乡。早在2000多年前,伊犁河流域的乌孙马就曾被汉武帝称为"天马"。《汉书·西域传》说,乌孙"国多马,富人至四五千匹"。乌孙昆莫媒聘汉朝细君公主时,即"以马千匹"为礼。唐朝(618—907)诗人李白曾为乌孙马作《天马歌》云:"腾昆仑,历西极,四足无一蹶。鸡鸣刷燕脯秣越④,神行电迈蹑恍惚。"可见那时乌孙马在人们心目中是何等神骏!现在的伊犁马是天马的后代,外貌俊秀,体格魁伟,四肢强健有力,步履快捷。新疆一首民歌中就唱道:"骑马要骑伊犁马。"人们骑在这种高头大马上,真是英姿勃勃。焉耆马、巴里坤马等也属新疆名马,都具有较好的挽力、速力,

---

④ 鸡鸣刷燕脯秣越:晨起从河北出发,傍晚在江浙喂马。

各具特色的衣住行

饮马的哈萨克妇女

马具

而且适应性强。

哈萨克等游牧民族被称为马背民族。在广袤辽阔的草原上，没有马，可以说寸步难行。"冬不拉和骏马是哈萨克人的两个翅膀"，可见，马在哈萨克人的生产生活中是何等的重要。每个生活在牧区的牧民都以善骑骏马为荣耀。马对于哈萨克人，既是浪漫的象征，又是生活的依托，在谚语和音乐、诗歌等文学艺术作品中充满了对骏马的描写和赞美。

在茫茫草原上，几乎每个人都有一匹马。哈萨克小孩从四五岁起就开始学骑马。男孩长到五六岁时，父母选择吉日，专门举行"小孩骑马仪式"，向小孩赠送马鞍、肚带、马镫、马鞭等礼物。在帕米尔高原，山谷中的道路大都沿山涧、傍峭壁，狭窄处有时只能容马匹通过。马在新疆少数民族的生活中不仅是方便快捷的交通工具，同时也给人们的生活带来了极大的乐趣。有很多娱乐竞技活动都离不开马，如赛马、叼羊、姑娘追、狩猎，等等。

沙漠中的驼铃声

新疆属干旱和半干旱沙漠地区,各族人民一直有养骆驼的习惯。骆驼因具有耐饥耐渴的能力,可负重数百斤穿越瀚海,故被称为"沙漠之舟"。古丝绸之路上,一队队骆驼驮着丝绸、瓷器、茶叶、纸张等货物,穿过沙漠戈壁,翻越高山雪岭,为中西文化交流和贸易往来做出了特殊的贡献。

转场是从山区最远的那户人家开始的。一家人把毡房拆了,和行李一起绑好放在驼背上。在男主人的一声吆喝声后,一家人就赶着羊群上路了。当这户人家到达另一户牧民家时,主人走出帐篷热情地接待他们。在一天或两天后,就有两户人家走在迁徙的途中了。牧民们就这样一户接一户,组成了一支浩浩荡荡的转场大军。

每户人家的家就在那三四头骆驼的背上……平时来往较少的牧民们因为转场,有了欢聚的机会。每天下午,牧民们就开始在路上安营

哈萨克牧民与骆驼

扎寨。男人们开始从驼背上卸下毡房,在路边搭建临时简易毡房,女人们生火煮饭,孩子们成群地奔跑嬉闹,每家的牧羊狗或打架或形影不离。⑤

骆驼是哈萨克等游牧民族主要的运输工具,牧民家一般都养有几峰骆驼。在转场搬迁时,毡房和家具什物主要靠骆驼驮运。

随着现代交通事业的飞速发展,通了公路,有了汽车,骆驼的作用越来越小了。但在边远山区、牧区中,骆驼仍然是不可多得的交通工具,那里有真正意义上的游牧民族的生存景观。

高原之舟——牦牛

牦牛常年生活在高寒地区,不仅浑身有厚厚的长毛,而且爬雪山、过冰川、翻达坂如履平地,负重长途跋涉不出汗、不气喘,适应能力极强。牦牛特别耐寒,在零下三四十度的风雪高原上,饥食枯草,渴啃冰雪,依旧可以负重远行于崎岖山路上,因此获得了"高原之舟"的美誉。牦牛因在帕米尔高原上独有的运输能力,成为了塔吉克、柯尔克孜牧人生活中不可分离的伙伴,是转场时得力的助手。牦牛不仅长有一身又长又密的绒毛,而且有一对坚挺的牦角,十分威风。每当夜深人静,在荒郊野外露宿时,成年牦牛都将头朝外,卧成一个大圆圈,把小牛围在中间;一个个像忠于职守、防止猛兽侵害的卫士,无论怎样凶恶的狼都不敢靠近。在柯尔克孜民间流传着许多牦牛与恶狼搏斗,用牦角将恶狼顶死在崖壁上的动人故事。因此,柯尔克孜人把牦牛视为英雄。

毛驴车——农民的"土巴士"

驴,自古以来就是维吾尔农民的重要伙伴。阿凡提骑着毛驴走南闯北、幽默风趣的形象就是其生动写照。

---

⑤ 韩连赟:《驼背上的人家》,《中国民族报》,2007年10月12日。

在新疆的农业区，几乎家家户户都养驴。驴任劳负重，既能拉车又能拉犁，还能推磨碾米，更是一种稳妥可靠的坐骑。维吾尔、乌孜别克等民族聚集的农村，几乎家家都有一辆胶轮木制毛驴车，非常轻便、实用、灵巧，是家人外出、载物、赶巴扎、会客的方便交通工具。

在现代化交通工具十分普及的今天，传统的交通运输工具仍然在发挥着作用。在喀什、和田、莎车、库车、吐鲁番等中小城市，装饰漂亮、富有浓郁民族特色的毛驴车和马车已成为这些城市一道亮丽的风景线。这些"土巴士"一般可载客十多人，招手就停，还可租用。这种流动的"巴士"以灵活、方便受到当地群众和中外游客的青睐。在川流不息的"土巴士"上，常常坐满了喜笑颜开的游客。近些年，随着现代化交通工具的普及，日常生活中的"土巴士"已基本为三轮摩托车所取代。

乡间小路上的毛驴车

雪地上飞驰的爬犁

我们在电影或电视里都看到过雪地上飞驰的爬犁，即雪橇，它是新疆哈萨克人冬季使用的一种交通和运输工具。

哈萨克人主要居住在天山以北地区。到了冬季，满山遍野银装素裹，平均积雪可达半米以上，古老的马拉爬犁是最理想的交通和运输工具。爬犁一般长2米左右，宽约1米，四周是半米高的沿和靠背，木板上铺有毡子和野兽皮做的褥子，坐在上面既平稳又舒服。爬犁因速度快、载重量大、无污染、平稳舒适而受到哈萨克群众的欢迎。现在随着交通工具的进步和发展，虽然爬犁日渐减少，但在偏僻的山区，牧民在冬季仍使用爬犁代步和载物。

风情新疆

恋爱·婚姻·家庭

花儿为什么这样红

为什么这样红

哎红得好像

红得好像燃烧的火

它象征着纯洁的友谊和爱情

花儿为什么这样鲜

为什么这样鲜

哎鲜得使人

鲜得使人不忍离去

它是用了青春的血液来浇灌

当耳边响起这富有新疆民族风味、旋律优美、饱含深情的歌曲时，电影《冰山上的来客》中阿米尔和古兰丹姆的动人爱情故事就会浮现在眼前。能产生《在那遥远的地方》《吐鲁番的葡萄熟了》《可爱的一朵玫瑰花》《半个月亮爬上来》《掀起你的盖头来》等许多动人爱情歌曲的地方，人们的婚姻生活是怎样的呢？现在，就请您随我深入新疆，领略新疆人独具特色的恋爱、婚姻和家庭吧。

以歌传情

维吾尔是个情感炽热、性格豪放、富于幽默的民族，民间流传着丰富的年轻人追求恋爱自由和婚姻自主、歌颂爱情的忠贞不渝的情歌。维吾尔古典名著《突厥语大词典》就收录了很多的情歌。如：

"爱情激动了我／思念涌向了我／我的心萦注于她／我的面庞枯黄了。"

"我对他说，亲爱的／我们见面多不容易／你越过了辽阔平原／翻过了高山。"

"你既然俘虏了我就不要抛去／你既然答应了我就不要变心／我的眼泪流成海／多少鸟儿在海边飞过。"

"他双眼迷人／偏偏是异乡客／他面如满月／我心被刀割。"

这些情歌，无论是表现男女相爱时的欢乐或亲昵，还是表现幽期密约的兴奋和不安，或表现对恋人的深深思念，或为无法实现的爱情而苦闷，都是维吾尔青年男女纯朴而高尚的情感的自然流露。

生活在草原上的哈萨克青年拥有充满诗意的爱情，民族乐器冬不拉和优美的歌声是其表达爱情的"秘密语言"，姑娘追是恋爱的特殊方式。相传有一个叫冬不拉的小伙子爱上了一位美丽的姑娘，在求婚时，姑娘考验小伙子："如果你能让树木唱歌，我就答应。"小伙子苦思冥想，不得其解。在一个清风拂面、月光皎洁的夜晚，小伙子倚靠在毡房门口的大树下思念着心爱的姑娘，突然耳边传来阵阵清音。他循声找寻，发现挂在树上的两根羊肠子在清风的吹拂下，荡出美妙的音乐。聪明的小伙子如梦初醒，马上用斧子在木头上砍出音箱，琴箱挂上两根羊肠，轻轻用手弹拨，美妙的音乐开始奏响。姑娘满心欢喜地答应了心灵手巧的小伙子。

隆重热闹的维吾尔婚礼

婚姻是人生最华美的乐章，关系到人生的幸福。因而，婚礼的日子是事先精心选定的吉日，城市里多在节假日，农区多在农闲的时日，牧区多在牛羊膘肥体壮的秋季。维吾尔等信仰伊斯兰教的民族不能在斋月举行婚礼。

新疆各民族的婚礼仪式五彩缤纷、各具特色，充满了浓郁的民族风情。婚礼不仅是新婚者个人的大事，也是他们的家庭、亲友乃至各自村庄中的一件大事，是当地社区的一个盛大节日。双方家庭都要举行庆贺活动，常常延续数天，充满了节日般的喜庆气氛，人们热情地

维吾尔婚礼场面

分享着婚姻双方的快乐。

　　维吾尔人的婚礼是歌的婚礼,舞的婚礼。亲朋好友欢聚一堂,以歌舞庆贺,热闹非凡,不仅隆重、热烈,更充满浓浓的浪漫情怀。婚礼第一天早晨,在女方家举行"尼卡"(证婚)仪式,由阿訇诵经,询问新郎新娘是否愿意结为夫妻。阿訇一般问三次,新郎在问了一遍之后就干脆响亮地回答"愿意",而新娘则在问了三遍之后,才会羞羞答答地小声回答:"愿意。"之后便请新郎新娘吃用盐水浸泡过的馕,寓意为"同甘共苦,永结良缘"。刚刚还扭扭捏捏的新娘,此时却勇敢而果断,动作敏捷而迅速。据说,谁先吃馕,今后家里的事就由谁做主。仪式结束后,新郎回家做迎亲的准备。

　　新郎和新娘两家同时在各自的家里设宴招待来宾。人们载歌载舞,充满了喜气洋洋、欢声笑语的欢乐气氛。新娘由伴娘和前来贺喜的女友陪伴,等候迎亲队伍的到来。新郎也由伴郎及前来道喜的朋友陪伴,聚集在一起弹琴、唱歌、跳舞、说笑,尽情为婚礼助兴,耐心地等待着接亲时刻的来临。下午,新娘换上婚礼服,打扮得如花似玉,头蒙面纱在家等候。穿戴一新的新郎在亲友的簇拥下去女方家迎娶新娘。一路上，迎亲的小伙子们打着手鼓，吹着唢呐，弹着热瓦甫，唱着欢快的"迎新娘歌"：

> 乡亲们都爱马群里的枣红马，
> 今天我们要娶走曼兰（村里）最聪明的姑娘。
> 姑娘像金色的花朵，
> 小伙子是冬天的花朵。
> 一个是夜空的皎月，
> 一个是夜空的明星。
> 两人真是一对幸福的伴侣，
> 两人会像奔流的河水，
> 两人会日夜唱着幸福的歌。

女方听到迎亲队伍的歌声时，立即将大门堵上，只有在得到男方的礼品后，才会将门打开，请迎亲队伍进门。女方盛情招待迎亲宾客。之后，接亲的人们在新娘家的院子里跳一会儿舞，以增添婚礼的喜庆气氛。新娘被接走前，要与父母辞别。新娘的父亲为女儿祈祷祝福，新娘与家人难免要流下依依不舍的泪水。这时，小伙子们高唱"劝嫁歌"：

> 莫哭泣，姑娘莫哭泣，
> 今天是你的婚礼，
> 你已安家在金花灿灿的新房。
> 莫哭泣，莫哭泣，
> 这会儿你该是大喜，
> 你和雄鹰般的小伙子结为伉俪。

婚礼上跳舞的新郎新娘

莫哭泣，莫哭泣，
这会儿正是你的婚礼，
英俊的美男儿成了你的知己……

然后，众人簇拥着新娘新郎坐上披红扎彩的迎亲车离家而去。迎亲的小伙子打着手鼓、弹着热瓦甫、唱着喜歌走在前面，整个迎亲队伍沉浸在喜悦的气氛中。在迎亲队伍经过的路上，随时都可能遇到"拦驾"的人们，他们或站在路中，或用一条麻绳拦住去路。这时新郎将右手放在胸前，频频施礼，同时给围观的孩子们撒喜糖。有时迎亲队伍还要停下来就地歌舞一番，为婚礼增添一些气氛。

当新娘来到婆家门口时，新郎的家人为新娘铺上红色的"帕炎达孜"（一块长布）。新郎新娘刚走过，女宾们便扑上去抢那块布，以作为吉祥之物，留作纪念。大家又拉又扯，你抢我夺，扭作一团，都想抢到一块，场面十分热闹。

"揭盖头"仪式是婚礼最热烈的高潮时刻:新娘蒙头坐在炕沿或床沿上,新房里灯亮了,都塔尔、热瓦甫或播放机奏播出欢乐的乐曲,男女青年们挤凑在一起,唧唧喳喳,打打闹闹,或说或笑或唱或舞,气氛热烈。就在众宾客逗笑嬉戏的高潮时,一位天仙般的少女从人群中走上前来,以轻巧敏捷的动作,将新娘头上的盖头掀起。新娘含羞藏娇,不声不语,此刻新房内一片欢腾,一对对青年男女在欢快的旋律下,翩翩起舞,以示祝贺。新郎新娘也同大伙一起,轻盈举步,巧转腰肢,跳起了热情奔放的"赛乃姆"双人舞,成为群舞中的"王子"与"公主",宾客们则拍手唱和。当节奏渐急时,舞者观者情绪更加炽热,喝彩欢呼,此起彼伏,整个新房沸腾了。宾客们在欢歌曼舞中如醉如痴,直至夜阑人静,方尽兴而归。

婚后第二天清晨,女方家里给新郎新娘送来早餐("依斯克力克")。早餐之后,新郎新娘在伴郎和伴娘的陪同下,分别去给岳父母、公婆行礼问安。婚后一周之内,双方家里都举行"其尔拉克",彼此宴请亲友。

维吾尔人的婚宴一般不摆酒,也不放那么多的菜,简单而实惠。

热闹的婚礼场面

主人家只需好好地做一大锅抓饭、一大锅手抓羊肉来宴酬亲友。大家在大地毯上或在大桌旁坐成一圈,先是喝茶,吃喜糖、干果、点心,然后端上大摞的馕和大盘的抓饭、手抓羊肉,大家以手取食(城市中已多改用筷、勺吃饭),尽饱一顿,便可离席。大家同吃同乐,十分热闹。城镇维吾尔人的婚礼现多在宴会厅举办,喜宴更加丰富,不仅有传统的美味佳肴,还有各类凉菜和炒菜。

歌声飞扬的哈萨克婚恋

哈萨克人缔结婚姻要经过说亲、订婚、送彩礼等仪式。婚礼十分隆重、热闹。整个婚礼都是在歌声中进行的,从迎亲到送亲,无处不伴随着歌声,使人仿佛置身于歌的海洋中。如果您去新疆遇上婚礼的场面,一定要参加,不仅可以分享新人的幸福,而且会为婚礼的歌声所陶醉。

哈萨克人的婚礼多在金秋时节举行,分出嫁仪式和迎亲仪式,草原上的亲朋好友都来祝贺。

女方家举行出嫁仪式前,新娘要向亲戚及邻里辞行,而新郎及其亲朋好友作为迎亲者,早早就到女方家帮助操办婚事。出嫁仪式隆重、喜庆,也很有几分悲怆。出嫁前的那个晚上,女方家宰羊炖肉,招待宾客。这是一个欢乐的夜晚,大家聚在一起举行对唱。大家首先唱"托依巴斯塔勒",即"婚礼序曲":

让我们的歌声来开始喜庆,
愿青年男女永远欢喜。
我们在吉日举行婚礼,
愿相爱的人结为好夫妻。

对唱的内容包罗万象，歌词即兴编唱，以问不倒为胜，气氛热烈，往往通宵达旦。

女儿出嫁前，父母会为她搭一顶小毡房，里边布满嫁妆。部落中年长且有声望的老人为新娘做"巴塔"（致祝词），祝她婚姻美满。新娘从这一天开始至离家出嫁，要和姑娘们围坐在一起，用幔帐遮住面庞，并聆听至亲密友为她唱《萨仁歌》（劝嫁歌）。听到萨仁调，新娘不免在帷幔里掩面而泣。离开家园，远嫁他乡，对姑娘来说是一件悲伤的事。

第二天，应邀前来的亲戚、朋友纷纷给女方家送礼物，女方家举办喜筵款待来宾，并举办赛马、摔跤、姑娘追、叼羊等娱乐活动和各种婚礼歌的对唱活动。第三天，新娘正式离家出嫁。一群年轻人围聚在姑娘的毡房外，唱"加尔、加尔"（劝嫁歌），用歌声送别即将出嫁的姑娘。

> 我要用加尔——加尔来把头开，加尔——加尔
> 请你倾听我唱的加尔——加尔，加尔——加尔
> 姑娘出嫁是祖先传下的规矩，加尔——加尔
> 愿安拉保佑你，加尔——加尔
> 你像巢里白色的小雏鹰，加尔——加尔
> 你未来的生活幸福美满，加尔——加尔
> 公公和婆婆会做你今后的靠山，加尔——加尔
> ……

午后，新娘在伴娘们的簇拥下，走出毡房，边泣边唱"森斯玛"（哭嫁歌），倾吐对亲人和故土的留恋，对未知新生活的忧虑。有时也由嫂子代新娘唱哭嫁歌，它是一种十分忧伤的歌：

> 我怎舍得离开父母和家乡，
> 离开我的部落和亲人，
> 父母的恩情尚未报答，
> 兄妹的情义难舍难分。
> 去那陌生人家不知是福是祸，
> 亲人啊！我怎能离去。
> ……
> 我的新房安置在什么地方？
> 那里是不是像这里水草丰旺？
> 离开生我养我的故乡，
> 去那人生地疏的地方。
> 愿未来的生活称心如意，
> 愿公婆像亲生父母一样。
> 亲爱的爹娘啊，
> 何日再见你们慈祥的面庞？

在告别的歌声中，新娘拥抱、哭别亲人后，随着迎亲者前往男方家。新娘上马后，一般不让哭唱，不让多停留，也不让回头看，意思是不要过于眷恋家乡，要一心一意地跟随丈夫生活。

当新郎将新娘迎至家门时，新郎家举行迎亲仪式。新娘来到婆家毡房门前，迎候着的婆婆手持一盘糖果和包尔沙克（油炸果子）等食物向新娘身上撒去，参加婚礼的人们欢笑着拣拾这些带着喜庆色彩的食品。新娘被迎进新房后，新郎新娘面对长辈站立，举行揭面纱仪式。揭面纱的必须是一位活泼诙谐、能说善唱的小伙子。他手持一根系有各种彩带的嫩树枝或小木棍，对着新娘唱"别塔夏尔"（揭面纱歌）：

> 新娘来啦，快揭开面纱！带上你的见面礼来看吧，不要评论她鲜

艳的服装，先说说她的芳龄有多大。

新娘来啦，快揭开面纱！婆婆在向你把喜果抛撒，这可是美丽巴蒂曼、哈依霞、哈蒂霞，传说中的佳丽，名扬天下。

流苏的头巾垂盖住你的秀发，不要整天沉闷，因为出嫁；不要邻里搬弄是非，让坏名声传遍天涯。要学做贤人永做贤事，让你的美名颂扬天下。孝敬公婆，时时行礼，与夫婿和睦相处，这是祖传的遗训，代代相传，我们永远传承它。

揭面纱歌一般要唱四五段，才能把主要内容唱完，内容主要是对新娘的赞美及对新娘的忠告。歌词像一条条教规，告诫新娘要尊老爱幼、勤劳节俭、睦邻友好等。每唱一段，小伙子就要挑动一下新娘的面纱，好像在说：这条你记住了吗？唱完之后，小伙子用手中的木棍挑开新娘的面纱。新娘便向正襟危坐在上方的公婆屈膝行礼，并向毡房里的火炉内倒一碗油，火炉燃起熊熊火焰。在场的人们都望着火焰念道："火神娘娘啊，油神娘娘啊，给我们把福降！"以此来祝福新婚夫妇生活幸福，人丁兴旺。此时，人们争相观看和戏逗新娘。新郎的母亲拿出带颜色的布，撕成宽窄不等的布条，分给前来贺喜的人们。

此时，新婚夫妇合饮一碗由毛拉诵过经的圣水或由老人倒的茶，长者还要为新人做"巴塔"（祝福）。接着，请新娘坐在新宰羊的羊皮上（哈萨克人认为坐在热的羊皮上会使生育顺利），并给她端来一盘羊肉。新娘首先把羊肉递到公婆面前，请他们先吃。在得到公婆的允许后，她才能吃。之后，宾主宴饮。

晚上，为庆祝新娘的到来，新郎家举行歌舞晚会，盛情款待宾客。阿肯们弹着冬不拉，唱着欢乐的歌，为新人祝福。赞歌一直唱到第二天破晓。第二天，有经济能力的人家，还要举行叼羊、赛马、姑娘追、摔跤等娱乐活动。活动结束，整个婚礼仪式就结束了。

别有情趣的蒙古婚礼

蒙古人定亲别有情趣。如果蒙古小伙子看上了哪家姑娘,在订婚前,要托媒人带着象征和谐、甜蜜、旺盛的白糖、茶叶、胶等物品,用一块白手巾包着前去撮合,若女方收下,婚事则可以进行。男方家的一位长辈要将涂有黄胶的哈达献给女方长辈及父母,以表示两家的关系如胶似漆,永不分离。

婚礼这天,男女双方家里都热闹非凡。早晨,新郎穿上崭新的袍子,由伴郎陪同,带着酒肉食品,随着迎亲队伍去女方家接亲。迎亲队伍行至女方家不远处时,选派两名能说会道的人去女方家报讯请安。女方嫂子或舅母等若干人在院门口等候。这时,新郎代表中一位善于辞令者请安后说:"贵方宠爱的姑娘早已许配给我们的儿子为妻,择取今日这个良辰吉日前来迎娶新娘,请接受圣洁崇高的迎亲之礼。"于是女方一位口齿伶俐的嫂子上前对答……双方这样进行一番礼俗对答

婚礼上载歌载舞

后,才邀请迎亲的人们进屋。新郎家人施礼后,新郎在伴郎的陪同下向女方的灶神和其他供神叩头,敬献哈达,并向岳父岳母及亲属行礼、献哈达和敬酒。岳母送新郎一套新袍、新靴。

新娘临行前,向父母亲友一一敬酒辞别。男方接新娘出门时,新娘啼哭,表示不愿离去。这时,男方家一人抱新娘出门,表示姑娘是被抢去的。新娘抱着亲友们不愿离去,伴随新娘的众姑娘们也要纠缠一番才放姑娘起身。离开新娘家时,主婚人领着新郎新娘绕蒙古包3圈之后,方可离去。

迎亲队伍返回途中一路纵马奔驰,奏乐唱歌,嬉戏追逐。特别风趣的是"夺帽"游戏:女方中一人抢去新郎或伴郎的帽子,挂在马鞭上或扔在地上,以耽误男方的时间,新郎或伴郎拿上帽子又去追新娘。有时,双方还进行赛马比赛,气氛热烈,富有浓郁的生活气息。

迎亲的队伍回到男方家后,新郎扶新娘下马,婆婆让新娘尝牛奶,以示吉利。然后举行拜天地仪式,新婚夫妇共持一羊胛骨,面朝太阳跪在白毡上,先拜天地日月,然后向喇嘛叩拜。届时,喇嘛诵经,请佛爷保佑他们平安无事。这时,新娘方可踏着白毡进入新房,向公公、婆婆等长辈一一敬酒、献哈达,并施磕头礼。接受新娘磕头的人,要回赠礼物给新娘。礼毕,新郎父母设酒宴招待宾客,大家尽情纵酒歌唱。年轻人举行摔跤、扭羊脖子、拉羊皮、抢羊头等娱乐活动,直到深夜。

饱含深情厚谊的柯尔克孜婚礼

柯尔克孜人的婚礼仪式较为隆重。一大早,新娘的母亲就要陪着女儿洗浴,然后由新娘的姐姐、嫂子及其他女眷为新娘梳妆打扮。母亲把女儿满头的条条小辫慢慢拆开,精心地梳理成两条又黑又粗又亮的大辫子,脸上滚动着泪花,轻轻唱着难分难舍的"劝嫁歌":

你两条发辫我梳得亮又亮,你两道黑眉细又长。妈妈为你梳妆打扮,愿你婚后幸福美满。

月亮已把山间照亮,那儿闪烁着银色的光芒。今日把你送出家门,不知何时才能回还。

太阳已把山间照亮,那儿闪烁着金色的光芒。今日你登上陌生的路程,愿你的道路康庄太平。

长大的鸟儿要飞了,长大的女儿要嫁了。心爱的女儿莫要哭,妈妈为你来送行。

悠悠的歌声中既有母亲与女儿的惜别之情,又饱含了母亲对女儿深深的祝福。

与此同时,男方的迎亲队伍也出发了。走在最前面的是两匹大红马,一匹驮着烤得桔红透亮的烤全羊,一匹驮着一只煮得全身冒油的煮全羊,紧随其后的是一群绵羊。迎亲队伍是一群装束一新、身挎库姆孜琴的年轻人和几个老成持重的长者,老年人骑乘的马背上驮着装满礼品的鼓鼓囊囊的胡尔俊(袋子)。柯尔克孜人有句谚语:"没有醉人的库姆孜琴声和长者马背上的胡尔俊,就娶不来新娘。"男方队伍到来之后,新娘的姐姐和嫂子要挡在门口,逐样检查男方带来的礼物。虽说这些聘礼都是双方事先商定的,但女方却会对这些礼物故意反复挑剔和刁难。新郎的口齿伶俐、幽默风趣的好朋友免不了会与新娘的姐姐和嫂子上演一阵口舌之争,这并不会使新郎难堪,而是众人都开心。女方盛情款待迎亲者,新娘母亲当众展示女方送给新郎的衣帽等礼品,并给新郎穿上。新郎深深地给岳母鞠躬表示谢意。

婚礼中,还要请阿訇诵经祈祷,念"尼卡",询问新郎新娘是否愿意成婚,并让他们吃一块蘸满盐水的馕,以示从此夫妻两人要同甘共苦,相亲相爱。婚宴结束后,宾客们纷纷来到门前的草地上。迎亲队伍中的一位男性长者用一根长木棍把毡房的天窗打开,绚烂的日光直射进来。一位年长的妇女，捧着一大盘糖果，用手抓起一些，向天窗口抛撒，人们围着毡房哄抢起喜糖。这时，新郎和头顶红盖头的新娘在伴郎伴娘的陪伴下走出毡房，向大家致礼道谢。当晚，新郎留宿在女方家。

第二天新娘上马前，母亲拉住女儿的手，轻轻地唱起"送嫁歌"：

长大的鸟儿要飞走了，不知何年何日飞回来。我身上的肉出嫁了，心里的话儿像泉水说不完。你带上绣花巾，你要远走高飞了……我会常打听你的消息，愿能够听到你幸福美满，我就心安理得了。你的丈夫是个能干勇敢的人，你会把辫子拴在他心上……

在小伙子们强劲的库姆孜琴声的催促下，新娘向母亲深深地鞠一躬，表示依依惜别之情。在送亲人的簇拥下，在迎亲人们的召唤和催促下，新娘告别双亲，踏上去新家的路。迎亲队伍每路过一个阿吾勒时，都有年轻人和小孩拦驾。这时，迎亲的老人从"胡尔俊"里拿出喜糖和喜果，抛向拦路的人们，迎亲队伍在哄抢中乘机而过。

在新郎家毡房左角用一幅花布遮挡起来的便是新娘新郎的"洞房"，几条大花毛毡从屋里一直铺到屋外。从马上被搀扶下来的新娘脚不沾地，踩着花毡进入新房。新娘子娶回来，全村男女老幼皆来祝贺，热闹非凡。新郎家宰羊招待来宾，并举行叼羊、赛马、摔跤、马上角力等各种娱乐庆典活动。傍晚，人们弹起库姆孜，小伙子们唱起"催促揭盖头歌"。在欢快的库姆孜乐声中，新娘的盖头被揭了下来，宾客们终于见到了新娘的芳容。新娘起身向公婆鞠躬问安，并吻婆婆的手，以示孝敬；婆婆要亲儿媳的前额，以示慈爱。人们纷纷表示祝贺。礼毕，婆婆牵着新娘的手到厨房，绕炉灶走3圈，送给新娘2块熟羊尾巴油，一块让新娘吃掉，一块扔入灶中，预祝今后生活殷实美满。

婆婆带着新娘一一介绍在场的亲朋好友后，新娘和嫂子互敬奶油，

以示妯娌和睦相处,共同管好这个家。接着,嫂子唱起"妯娌互敬歌":

金凤凰落到我们草原,
我心里不知有多喜欢。
请喝一口姐姐亲手酿制的马奶酒,
咱姐妹携起手共理家园。

新娘对唱道:

无知的妹妹来到嫂嫂身边,
丑小鸭怎敢当姐姐称赞。
嫂嫂是草原闻名的金凤凰,
家里事还请你时时指点。

看到妯娌间这般谦和融洽,婆婆乐得也唱起来:

一千只羊顶不住一家和气,
再能的人只有十个指头。
妯娌、婆媳拧成绳,
天塌地陷也不怕。

之后,贺喜的年长者逐渐散去,这里便成了年轻人的天下。在朋友们的鼓掌催促下,新郎新娘跳起"会面舞"。客人们尽情跳舞歌唱,热闹一番方肯离去。

撒面粉、喝盐水的塔吉克婚俗

生活在帕米尔高原的塔吉克青年男女，彼此表达爱慕之情的方式非常有趣：通常，男子在送给情人的荷包中装一根烧了半截的火柴棍，表示爱情之火已将他的心灼伤；女子给意中人的信物中则藏着一颗杏仁，表示已将芳心献给了他。随后由老人出面提亲，直至完婚。

塔吉克人的婚俗饶有风趣。婚礼前夕，需征求村中一年之内发生不幸事故（主要是丧事）的家庭同意，并敲响手鼓，方能举行婚礼。婚礼一般持续3天，主要在女方家进行。第一天，新郎新娘在自己家中举行沐浴净身、喜着婚服仪式。新郎要头戴缠绕红、白两色布条的帽子，新郎新娘左右手小指上戴系有红、白绸条的戒指。第二天，新郎骑高头大马，在亲朋簇拥下，吹打着乐器，唱着欢快的婚礼歌，前

新人进门

往女方家迎亲。女方的父母、亲友出门相迎，新娘的女伴代表新娘向新郎敬上高原最纯洁、最富有营养的两碗放了奶油的牛奶，新郎当众喝光，表示接受了女方的盛情和甜蜜的爱情。这时，女方一长者在新郎肩上撒面粉以示祝贺。塔吉克人认为面粉是最纯净的物质，通过撒面粉祝福是最古老的仪式之一。女方设宴热情招待客人，并举行各种娱乐活动庆贺。

　　新娘换上新郎带来的最好的衣服，"尼卡"仪式就开始了。仪式由"海里派特"（宗教人士）主持，诵经祈祷，请新郎新娘各喝一口盐水，并交换缠有红白布条的戒指。同时还有经男女双方商议后请的一位证婚人"拜德尔汗"，由他公证婚礼的合法性。女方的一位妇女向新人身上抛撒糖果，人们争相抢拾。新郎向岳父母行吻手礼。此时，妇女们打起手鼓，男人们吹起鹰笛，歌舞欢庆，婚礼达到高潮。

　　傍晚时分，迎亲队伍启程返回。到达婆家时，男方家举行隆重的迎亲仪式。地上铺着红毡，早已等候在那里的婆婆亲自端着两碗加了酥油的奶茶，新郎新娘饮毕下马进屋，人们向新人肩上撒面粉以示祝

歌舞欢庆

福。男方家举行歌舞、叼羊等庆祝活动，并宴请来宾。新娘过门后的第三天下午举行揭面纱仪式，婚礼方告结束。

特别有意思的是，塔吉克人还有一种在一天里既嫁女儿、又娶媳妇的习俗。老人们往往喜欢选择良辰吉日，办两件成双成对的喜事，喜上加喜。

独具特色的婚嫁习俗

新疆少数民族的婚姻形态为一夫一妻、妇随夫居的典型父权制婚姻形态，夫随妇居的现象较少。通婚范围主要是各民族内部，禁止近亲结婚。由于伊斯兰教有严格的内婚规定，新疆信仰伊斯兰教的民族之间彼此通婚的较多，一般不与不信伊斯兰教的民族通婚，对女性的限制尤为严格。信仰伊斯兰教的女性不能与非伊斯兰教徒的男性通婚，但男性可以娶非伊斯兰教徒的女性。与信仰伊斯兰教的民族结婚的非伊斯兰教徒，必须皈依伊斯兰教，履行一定的入教仪式。

民族内婚制被新疆各少数民族普遍地遵守着，但新疆是个多民族聚居区，一些散居、人口较少的民族很难实现民族内婚，而或多或少地与其他民族有婚嫁关系。一般在信仰相同、风俗习惯相近的民族之间，通婚的现象稍多一些。柯尔克孜人由于长期与其他民族杂居，有与外族通婚的习惯；乌孜别克人由于和维吾尔、哈萨克、塔塔尔人民长期杂居共处，风俗习惯又有诸多相通的地方，因而同这几个民族通婚的比较多，并且一般是小伙子娶外族姑娘的多，而姑娘嫁给外族的少；俄罗斯族、锡伯族多与汉族通婚，今天生活在新疆的俄罗斯族，大多数都有汉族等黄种人的血统；与维吾尔人通婚最多的有哈萨克、乌孜别克、回、塔塔尔等民族。

新疆各民族缔结婚姻的形式主要有包办婚姻、媒人介绍、自由恋爱和换门婚、招赘婚等。维吾尔民间广泛流传的爱情叙事长诗《艾里

塔吉克母女

甫与赛乃姆》叙述了一个指腹为婚的故事：国王与宰相曾立誓，若两人分别生下一男一女，就结为亲家。后来宰相去世，从此家道中落，日益贫困。国王想悔婚，可两个孩子却彼此相爱，最终冲破重重障碍，结为百年之好。这是一种对婚约誓言理想化的赞美，体现了青年男女爱情的真挚。近几十年来，父母包办婚姻的现象明显减少了，但直到现在，新疆一些民族中依然存在包办婚姻，其中在边远的农牧区比例较大。

维吾尔等民族还特别重视生育，关心孕妇健康。他们信奉伊斯兰教生与不生、生多生少及生男生女都是真主前定的观念，长期处于自然生育状态，形成了多生多育的传统。维吾尔人认为，没有子女是人生最大的痛苦。在维吾尔人中曾流行这样的谚语："有孩子的家好比巴扎（集市），无孩子的家好比麻扎（墓地）。"如果妇女不育，要想方设法寻求解决办法。蒙古人企盼生育，他们总是以"祝你们子孙满堂、五畜遍野"之类的话语祝福已婚的年轻人。锡伯家庭儿女越多，辈数越多，就越被认为家庭兴旺发达，多子多福，婚后不孕或小孩夭折的妇女会以各种方式求子。

维吾尔妇女的第一个孩子，通常要回到自己的父母家生。维吾尔孕妇临产前1个月左右，娘家人便召集邻里及亲朋10个人左右，带上一些馕、大米、羊油、牛奶和砂糖等物，前往男方家接孕妇。男方家设宴招待女方客人，让她们为孕妇做"都瓦"（祈祷与祝福），祈求真主保佑孕妇平安生产，祝愿母子安康。在娘家坐月子满 40 天后，丈夫则带着礼物将妻子接回家。

新疆各民族特别优待孕妇、产妇。妇女一旦有了身孕，全家大小就会沉浸在喜悦之中，对孕妇处处关心爱护，不让她干重活，让她注意营养和休息。孩子出生后，立即向亲友、邻居们报喜。按维吾尔传统习惯，要给去报喜的小孩礼物。很久以前，维吾尔人就有一种习俗，即一般不问生的是男还是女，而问生的是狼还是狐狸（狼指男孩，狐狸指女孩），此习俗至今仍在民间遗存。

维吾尔人很重视产妇的营养和休息。产妇一般休息 40 天，有吃羊头、羊蹄的习俗。维吾尔、蒙古等民族一般要在门上挂红布条或一根用芨芨草编的绳作为标志，以向众人告示家里有产妇，不得随便出入。蒙古孕妇临产前喝黄油，产后喝温牛奶、奶茶或咸开水。坐月子期间，产妇食鲜嫩的羯羊肉，饮羊肉汤，滋补休养。

家庭——亲情的纽带

维吾尔、哈萨克、乌孜别克和塔塔尔等民族的传统家庭，大多数是以夫妻关系为基础的父系小家庭。家庭成员一般包括祖孙三代以内的直系亲属，四世或五世同堂的家庭很少见。多子女的家庭中，儿子长大成婚后与父母分家，另立门户，但要留下一个儿子作为养老送终的依靠，通常是最年幼的儿子。维吾尔、哈萨克、柯尔克孜、蒙古、塔吉克等民族普遍实行幼子继承制。多子女家庭中，儿子成婚后分得一部分财产，离开父母，在父母毡房附近另立毡房，独立生活；也可只分居，但与父母一同吃饭、生活。这时，除分给儿子一部分必需的生活用品外，还要分给一定数量的牲畜。

塔吉克、回、锡伯等民族的家庭形式，多为家长制的大家庭。半牧半农、半游牧半定居的生产生活方式，使塔吉克传统的大家庭形式

塔吉克家庭

得以维系和保持。长期以来，塔吉克人以一家一户为生产单位。在艰苦的高寒山区环境中，小家庭难以克服风雪严寒和资源贫乏等困难，也无法提供半牧半农等多种经营活动所需要的较多的劳动力和生产资料。因此，大多数家庭仍然是几世同堂。随意走进一户塔吉克人家，那种老少相依为命、合家团聚、尊老爱幼、亲情融融的场面，立刻就会感动您。辈分最高的男子主持生产活动和家庭生计。父亲向儿子传授畜牧业和农业的生产技术和劳动技能；母亲负责教导女儿，教她们挤奶和烹饪。一位旅行者曾这样描述一户塔吉克大家庭：

在一个由石头堆砌成各式房屋的村子里，我遇到了第一个塔吉克朋友阿尔瓦特。阿尔瓦特家是一个大家庭。他本人，他的母亲，他的妻子，他的两个孩子，以及他的弟弟、弟媳共同组成一个大家庭。如果是我们内地的汉族家庭,像这种情况,早都分家各过各的了。在帕米尔高原的半农半牧区,塔吉克人的父母健在的话,他们都不会分家。⑥

新疆少数民族家庭多为父系家长制家庭。在这样的家庭内,父亲或丈夫作为一家之长,既是全家生产经营的组织者,也是家庭收入的管理者和分配者,对家庭具有支配权。现在的家庭中,男女地位日趋平等,男子对家庭重大事务有决定权,而在家庭日常事务的决定上一般都尊重女性的意见,以夫妻共同决定为主,家庭成员间建立了平等、

幸福的大家庭

⑥ 《吹出你的爱情——帕米尔高原塔吉克族的日常生活》,http://www.xiangshu.com/read.php?tid=2830655

互敬、互爱、互助的关系，逐步形成了新型的婚姻家庭关系。父母对子女有命名、抚养、教育及婚嫁的义务，子女对父母有养老送终的义务。

哈萨克家庭的"还子"习俗耐人寻味。每对新婚夫妇要把婚后所生的第一个孩子送给男方的父母。祖父母把孙儿女当作自己的亲生儿女对待，并特别宠爱。其关系也由祖孙变为父母子女关系，血缘上的父母子女关系成为兄弟姐妹关系，称谓也相应地变化。这种习俗是有多方面原因的，首先是为了孝敬长辈。他们认为自己的肉体是父母给的，自己婚后离开父母，父母身边就少了一个亲人，也少了一份乐趣。把婚后第一个孩子还给父母，一可增加老人的生活乐趣，二可待孩子长大后，同自己一起奉养老人。另一方面，作为老人来说，认为只有这样才能进一步密切同晚辈之间的关系。同时，老人也是为了帮助晚辈，因新婚夫妇年轻，缺乏养育孩子的生活经验，自己代替他们抚养，既有利于孩子的健康成长，又可减轻年轻夫妇的生活负担，这样才尽到了关心和爱护晚辈的责任。

风情新疆

新疆人的一生

人是万物之灵长，宇宙之精华，人人都希望人生美好而快乐。人生如歌，充满喜怒哀乐之情；人生如旅，犹如春夏秋冬的风景。新疆人的一生，像踏着华尔兹舞步，多彩多姿；又像乘坐飞驰的列车，窗外掠过一道道壮丽的风景。为人生祈福和庆贺，在心灵的底片上留下美好的印记：诞生礼、命名礼、满月礼、周岁礼、剪发礼……

"诗歌为婴儿打开人生的大门，也陪伴死者踏上天国的途径。"新疆人的一生在诗与歌的伴随中度过，他们借诗与歌传递喜怒哀乐，面对生老病死，迎送春夏秋冬。

诞生礼

一个新生命的诞生，为家庭带来了喜悦和希望，为世界增添了新的生命和前程。对一个家庭来说，是值得庆贺和祝福的喜事。

对哈萨克人、柯尔克孜人和塔吉克人来说，新生命的诞生，不仅是一个家庭的喜事，也是整个阿吾勒（牧村）的喜事。他们在婴儿呱呱坠地的当日便举行庆贺仪式，以祝贺添丁之喜。

哈萨克人在孩子出生后，由一人骑着马给左邻右舍和亲朋好友报喜，并举行"齐勒迭哈纳"（出生礼），孩子的父亲宰"哈勒加"（专为产妇宰的羊），让产妇吃肉喝汤，希望她早日恢复体力。得到喜讯的人们带着礼物陆续来到新生儿的家，大家聚在毡房外吃"哈勒加"羊肉，通宵弹琴唱歌跳舞，唱《齐勒大汗库再头》（出生歌），整个阿吾勒沉浸在喜悦之中。

孩子降临在温暖的毡房，
草原的鲜花为你怒放。
愿你成为勇敢的骑手，
阿吾勒中有名的摔跤手。

一般《齐勒大汗库再头》要连续唱3个晚上，青年男女欢聚在产妇家中或门前唱歌跳舞，弹冬不拉，庆贺新生命的诞生。头天晚会上，阿吾勒的中老年人都分批来到产妇家，看望大人小孩，赠送礼物。哈萨克民间有这样的俗语："要看要看，礼物送上"，以表恭喜祝福之意。主人则宰羊款待来客和产妇。有意思的是，此时吃肉有讲究：吃羊脖子肉不准用刀子，要双手端着羊脖子肉，用嘴啃着吃（此举意在防止孩子得软脖子病），吃完了肉要把脖子骨放在毡房的最高处，过上一段时间才能扔出去。

柯尔克孜婴儿出世后，家人会立即通知等候在门外的男人们，婴儿的祖父或父亲骑上快马奔驰而去，向左邻右舍及亲友报喜。有些山区的柯尔克孜人家里生了男孩，还要向空中放3枪，向全村人报喜。接到喜报的妇女们带着衣帽、香皂、肉和奶制品等礼物前来祝贺。产妇家人宰羊炖肉招待来宾。席间，由一位年纪最大、儿女健全、家庭和谐的妇女从一只碗中舀一勺牛奶倒入另一只碗里，以此表达对孩子的祝福，祝愿孩子健康成长、长命百岁、具有高强本领。席间还会举行各种传统的民间娱乐活动，表达对新添人丁的喜悦之情。按照传统习俗，婴儿的家人还要在门楣上挂一块红布，有提示"家有产妇，外人勿随意进入"及辟邪的双重作用。如果是男孩，门外就挂一只弓箭或飞龙图像；如果是女孩，门外就挂一个用红布制作的飞鸟图像，上面插一支羽毛。

蒙古人在婴儿出生的第三天，要举行"洗礼"仪式。仪式在家人中举行，接生婆作为最尊贵的客人，受邀赴宴，并主持洗礼仪式。用加了爬地松枝、茶叶和羊骨头熬的水给婴儿洗浴，据说用这样的水洗过之后，孩子会身体健壮，皮肤健康。洗完之后，通身擦上羊油后用褓褓包好，可以避免孩子咳嗽、尿床。婴儿还会受到长辈的祝福。礼毕，大家吃肉喝酒，唱歌祝福。

塔吉克家庭在过去但凡生了男孩，父亲就向天窗鸣枪3声报喜，或大喊3声，祝愿孩子长大后勇武有出息；生了女孩则不鸣枪，在女孩的头顶上放一把扫帚，希望她长大后善理家务。亲友、邻居闻讯前来祝贺，还要在婴儿身上撒些面粉，以示祝福。

命名礼

新疆各民族对孩子的命名十分重视，要举办专门的仪式。维吾尔、回、乌孜别克和塔塔尔等民族一般在婴儿出生后一周左右，请阿訇当主持，为小孩举行命名仪式。仪式一般有婴儿父母的近亲长辈参加。仪式开始，婴儿的姥姥或奶奶将婴儿包在干净漂亮的小被子里，从母亲身边抱出来交给阿訇。阿訇面朝西站立，首先吟诵《古兰经》卷首语，还有清真言等，这意味着婴儿已接受伊斯兰教召唤。然后，阿訇将用漂亮的襁褓包裹好的婴儿抱在怀中，眼睛看着婴儿那圣洁的面孔，模仿唤礼员在清真寺的塔楼上呼唤教徒来礼拜时的样子，腾出一只手用食指捂住耳孔，轻轻吟唱："真主至上，万物之主，穆罕默德是真主的使者……"在场的宾客听到这熟悉而庄严的声音，便收起喜悦的笑容，默念清真言，全场一片肃静。接着，阿訇轻轻地揪起婴儿的小耳朵，对之继续唱道：

> 对你的右耳呼的是礼拜召唤，
> 对你的左耳说的是《古兰经》诠释。
> 安拉已经赐给了你名字，
> 从此你就叫×××吧！

重复3遍婴儿的名字之后，阿訇便把婴儿放在床上，并顺势往前一滚，使婴儿哭喊起来。大家的表情顿时由严肃转为喜悦。首先由在场的年长者，如婴儿的爷爷、姥爷，将婴儿迅速抱起，呼唤婴儿的名字,哄一哄,逗一逗,并按自己的心愿祝福几句,然后递到下一位客人手中。按辈份与年龄大小依次传,直到由婴儿的父亲传到卧床休息的母亲怀中,命名礼才宣告结束。

回族在婴儿诞生的当天或3天之内,请一位阿訇给婴儿起经名。首先由家庭主人把孩子抱到门槛里,阿訇站在门口或门槛外,先对着小孩的右耳低念"班克",即在清真寺宣礼塔上召唤教民上寺礼拜的宣礼词,再对着小孩的左耳念"尕麦体",即教民汇聚到清真寺后准备礼拜的招呼词。然后,是男孩便在左耳里慢慢吹一口气或轻轻咬一下耳朵,是女孩则在右耳朵里吹一口气。当阿訇举行这种仪式后,便从回教众多的先贤中选出一个美名,告诉家里人,以示吉庆、俊美。待孩子长到读书年龄时,再起大名即"学名"(汉文名字),以后在正式场合多使用"学名"。

现在,也有不少家庭由婴儿的祖父母、外祖父母为婴儿取名,或请德高望重的长者为孩子命名。如今的城市里则多由父母给孩子选择名字,名字也逐渐有了新意。

下面,我们就来看一看,那一串串长长的名字后面有着怎样的奥秘和规律呢?

姓名见证家庭的传承,新疆各族人民的姓名也不例外。维吾尔、哈萨克、柯尔克孜、塔吉克和乌孜别克等民族实行逆推式父子连名制,由本名加父名构成,本名在前,父名在后。如乌买尔·托乎提、阿依努尔·艾山,乌买尔、阿依努尔为本名,托乎提、艾山为父名,简称时可以省略父名。这些民族没有延续使用的固定的姓氏,父名只能连在儿女的名后,世世代代以此类推。哈萨克男性在父名后加"uli"(之子),女性加"kizi"(之女)。例如:亚森·库马尔乌勒、穆合亚提·米尔扎汗克孜,表明亚森是库马尔之子,穆合亚提是米尔扎汗之女。

因受伊斯兰教影响,维吾尔和乌孜别克等民族多采用阿拉伯语或波斯语命名,如阿布来提(安拉的奴仆)、买买提(穆罕默德)、库尔班（宰牲节）等。除此之外，还喜欢用天体物质、四季、花卉、动物或反映时代特点的维吾尔语词汇起名，如艾尔肯（自由）、拜合提亚尔（幸福）、塔西（石头）、铁木尔（铁）、尧勒瓦斯（老虎）、古丽巴哈尔（春天的花）、古哈尔（珍宝）、阿依努尔（月光）等。维吾尔人名之后，男性多冠以"阿洪""江""巴依""卡日"，女性多冠以"汗""古丽""克孜"等词，以年龄、身份不同而附加表示亲昵的专称。

新疆蒙古人一般要请受人尊敬的长者给孩子取名，也有请喇嘛来取名的。男孩子多以吉尔格楞（幸福）、巴雅尔（节日）、巴图（结实）、巴音（富裕）、巴特尔（英雄、勇士）、必勒克台特（智者）命名。女孩子以花卉、玉器、日月命名的较多，如娜仁（太阳）、萨仁（月亮）、敖登（星星）、其其格（花儿）、塔娜（珍珠）、哈西（玉石）等。

维吾尔、哈萨克等民族还有取绰号的习惯和传统，多为周围的朋友和熟人根据其性格、相貌、职业、为人和爱好等特征所取。一般多把绰号缀在名字后面称呼，如赛坎木如特（赛坎小胡子）、司马义默孜多孜（司马义鞋匠）、帕提坎卡萨卜（帕提坎屠夫）等。

满月礼和摇床礼

仪式开始，人们先做祈祷，塔茜古丽的祖母把手上的金戒指取下，丢在了水盆中，然后把塔茜古丽轻轻地放入水盆的温水中。来宾开始涌动，轮流过来用木勺将盆里的水一勺勺地往塔茜古丽身上淋浴，必须淋够40勺。淋浴完毕，要把孩子放在祖上德高望重并长寿的老人穿过的羊皮大衣里裹好，将孩子暖干（这样孩子以后将德才兼备，而且长寿）。然后再由祖母给塔茜古丽穿上漂亮的新衣。这时，客人面前的餐布上燃起了一盏盏小羊油灯，我数一数，刚好也是40盏。祖母抱起塔茜古丽在灯前晃来晃去，共晃了40下。然后，在场的妇女每人向盘中放了一块奶疙瘩，祖母用新碗盛上奶疙瘩放在塔茜古丽的面前，向碗中倒上40勺清水，把碗中的奶疙瘩化成奶浆给塔茜古丽喝一点。⑦

满月，是婴儿出生后的又一庆贺活动。当一个新的生命度过了出世以来的第一个月，也就是闯过了生命成长的第一关，全家上下、亲朋好友无不为之高兴，并真诚地祝福。维吾尔、哈萨克、柯尔克孜、乌孜别克和塔塔尔等民族的满月礼在婴儿出生40天后举行，称为"毕须克托依"（入摇床礼）。

按照维吾尔人的古老习俗，孩子出生40天以后要举行摇床礼。婴儿出生满月（40天）后，就要正式放入摇床喂养至一两岁。摇床对婴儿来说是仅次于母亲的第二个怀抱，孩子在摇篮曲中慢慢伸展手脚、强壮起来。举行摇床礼表示婴儿在人生道路上迈开了第二步，同时也是祝贺产妇康复。这一天，婴儿的家人不仅要请邻里和亲友参加，还要请40个小孩子来参加（现在不一定要请40个小孩）。首先，婴儿的姥姥将婴儿放入事先准备好的一盆"柯日克苏衣"（满月洗礼水）中。参加仪式的小孩排好队，依次从盆里舀一勺水，然后呼唤婴儿的名字，说一句祝福的话，赞美小弟弟或小妹妹长得英俊可爱，希望长大后孝顺老人、尊敬父母、有所作为等，并把水浇在婴儿的头上。主人会给每个小孩发一块油馕和一些糖果。孩子们拿着这些东西高高兴兴地回到家里，向父母展示自己的礼物，并将婴儿的名字告诉父母。这样，婴儿的名字也就传开了。因此，维吾尔人亦称摇床礼为"阿特托义"（命名礼）。

婴儿受洗之后，请一位忠厚老实的剃头匠为婴儿剃去胎毛。剃下来的胎毛绝不能落地，要用一块布包好，存放起来或放在墙上方的洞口内。最后，给婴儿穿上漂亮的衣服，放入摇床中。

---

⑦ 韩连赟：《塔茜古丽的满月礼》，《丝绸之路》2005年11期。

在摇床中酣睡的婴儿

维吾尔妇女生孩子时,多在父母家坐月子。因此,这天也是婆家人接媳妇回家的时候。婆婆在一些女性亲戚朋友陪同下,带着给儿媳妇、孙子及亲家的礼物,来接儿媳、孙子回家。娘家也要为母子准备相当的礼物。洗礼仪式结束后,主人以丰盛的饭菜招待客人。此时,男方母亲把为亲家、儿媳和孙子准备的礼物送出,表示对亲家、儿媳的慰问和感谢,然后把儿媳与孙子接回自己家。当把摇床搬出院子时,还要施行以求吉辟邪祝平安为目的的"熏炙术",此后孩子的婴儿期主要在摇床里度过。就像每个庭院有座馕坑一样,摇床也是维吾尔人家不可或缺的生活用品。

锡伯人在婴儿满月的当天举行满月礼。其满月礼不同于新疆其他民族,有自己鲜明的特色:首先让产妇发汗,将煮熟的热鸡蛋两个夹在双腋下,两个握在手中,蒙几床被子,等出汗后将被子一床一床揭去,使汗慢慢发散。据说,这样可使月子里所受的风寒随汗祛除,不会有后患。这种仪式一般在本家族和产妇娘家的姨、舅等人群中举行，大家给婴儿送礼贺喜。

维吾尔人有句谚语：摇床里的孩子是别克（有地位的人）。摇床以其独特而实用的设计深受维吾尔人喜爱，几乎每一个家庭都少不了一张小摇床。维吾尔人无论是男是女，婴儿时期大都是在摇床里度过的。

摇床以木制为主，制造工艺考究，装饰精美，仿佛一件艺术品，极具特色。床帮和床腿都雕有精致的花纹，漆成红、绿、黄、白、蓝等各种颜色。床腿固定在弧形条木上，可使其左右摇动。摇床还有一个最大的特点，就是卫生。聪明的维吾尔人在摇床板上设计了一个碗口大小的洞口，通过烟斗形的尿管让尿流入床下的陶罐里，这样不仅尿不湿被褥，也让大人从反反复复地洗尿布当中解放出来。漫步在新疆的巴扎时，只要细心观察，您就会发现一种形似烟斗的管子，那就是新疆特色的"尿不湿"。年轻的维吾尔母亲常常边做着针线活，边轻轻摇几下摇床，不用多久，宝贝儿就会在母亲悠扬的摇篮曲中进入梦乡。

> 月亮敲响银色的手鼓，啊来巴郎木，啊来！
> 玫瑰花微笑着随风起舞，啊来巴郎木，啊来巴郎木，啊来！
> 妈妈轻轻地晃动摇篮，啊来巴郎木，啊来，啊来！
> 我的孩子，我的好宝宝，啊来巴郎木，啊来巴郎木，啊来！
> 星星讲述天上的故事，啊来巴郎木，啊来！
> 小夜莺唱笑了草叶露珠，啊来巴郎木，啊来巴郎木，啊来！
> 宝宝闭上了美丽的眼睛，啊来巴郎木，啊来，啊来！
> 我的孩子，我的好宝宝，啊来巴郎木，啊来巴郎木，啊来！
> 孩子啊——我的孩子，我的好宝宝，啊来巴郎木，啊来！

周岁礼和学步礼

周岁,是婴儿的第一个生日,意味着婴儿出生后的又一个庆贺活动。锡伯人较为重视孩子的第一个生日,这一天要让婴儿抓阄,以此判断孩子将来的前途。届时在炕上放许多玩具(包括劳动工具和弓、箭模型等)和笔、纸等,任其抓取。如果小孩爬过去拿弓或箭,就断定他将来是位武将;若拿笔或纸,则断定将来是文人。不论结果如何,父母及来宾都会高兴地为他祝贺。之后,孩子的家人盛情款待来宾。

哈萨克人还为刚满周岁的孩子举行"学步礼"。他们认为,对草原上的孩子来说,学步是一件大事,象征着人生的第一步,是人生的开始,所以要通过举办专门的学步礼仪以示重视和吉利,祝愿孩子人生之路顺利、通达。仪式上,请一位儿女双全、德高望重、品行高尚的妇女执剪,剪开绑在孩子脚腕上的羊毛绳。孩子有点儿不知所措地在毡房中间蹒跚,晃来晃去地迈出了人生的第一步。与此同时,由一位老妇人不断地把蕴含喜庆色彩的各类糖果撒向人群、抛向毡房顶表示祝福。

剪发礼

剪发礼是新疆蒙古人成长过程中的重要仪礼之一,仪式很隆重,一般由娘舅家的人主持,邀请亲友参加。按照蒙古人的传统,孩子出生后不剃头,直到3岁或5岁时才剃去胎毛。

剪发礼开始前,接受仪礼的孩子手拿放有剪子、哈达、麦子、枣、钱、干果和奶食品的盘子,到舅父或与自己生年属相不相克的人面前停下来,请其剪发。如果是男孩,就从右边剪;如果是女孩,就从左边剪。舅父将剪下的头发放在盘子里,然后将哈达放在上面,并向孩子祝贺。随后,亲戚轮流为孩子剪发并祝福,每个剪发者都许诺送他（她）马或牛、羊。剪下来的头发不能随便扔掉，要包在哈达里放到高处或山顶上。剪完发后，父母要宰羊招待大家，人们互相敬酒。

接受过剪发礼的孩子可以和其他孩子在帐房附近一同玩耍，放羊羔、牛犊，开始练习谋生。此后，父亲带孩子到参加剪发礼的亲戚家拜访时，亲戚们要将自己许诺送的牲畜送给孩子。送牲畜意味着孩子有了自己的生产资料，得到社会的承认，成为社会的一员。

割礼

维吾尔等民族称割礼为"逊奈提"或"海提那"，将割礼仪式称为"逊奈提托依"或"海提那托依"。割礼原为阿拉伯半岛古代居民的习俗，后被伊斯兰教沿袭，随着伊斯兰教传入新疆，被维吾尔、回、哈萨克和柯尔克孜等信仰伊斯兰教的民族接受，并逐渐成为这些民族的一种生活习俗。

所谓割礼就是割去男孩生殖器上多余的包皮，医学上称"包皮环切术"。割礼手术多在男孩5—7岁时进行，为了伤口愈合快，多在春秋季节进行。现在，为了不耽误孩子的学业，不少家庭选择在假期为孩子实施割礼手术。

维吾尔等民族把割礼看作人生中的一件大事，故割礼仪式非常隆重，它是信仰伊斯兰教的民族仅次于婚礼的重要仪式。凡是要为儿子施行割礼手术的父母，都要给儿子准备新衣、新被褥和新枕头，并要准备足够的鸡蛋，然后选择一个吉日——多为"主麻日"（即星期五）来做。传统的手术器械是被称作"吾斯土拉"的折叠式小钢刀和被劈成两半、用刀削得很光滑的芦苇杆。维吾尔人中有专司割礼手术的神职人员。手术开始前，阿訇先用两个手指将男孩的阴茎包皮轻轻地揉搓一阵，然后左手拿两片芦苇杆将包皮夹住，右手拿起在火上烘烤消毒过的"吾斯土拉",口中念"奉至仁慈的真主之名"等经文,往刀体上吹一口气,迅速、准确地将包皮完全割去,随即将事先烧好的棉花灰粘在渗血的伤口上。在"割"的一刹那,作为助手的父亲或兄长要按住小孩的双腿和头部,同时,将去掉壳的鸡蛋塞进孩子因疼痛而咧开的嘴里,吃下一个再喂一个,以分散孩子的注意力,避免孩子使劲哭喊,起到尽快止血、镇静的作用。割礼手术后,小孩要卧床休息,并会得到格外精心的照顾,一周左右就能痊愈。在施行手术的过程中,不得有闲人在旁观看,更不允许妇女(包括母亲)在场或出入。

割礼这天,家长要宴请亲友,以示庆祝。维吾尔人在屋顶上敲起纳格拉鼓,吹起唢呐,亲友、乡邻带着礼物前来祝贺。哈萨克、柯尔克孜等民族还要举办赛马、叼羊等活动,甚是热闹。

随着时代的发展,割礼这一古老习俗也发生了一些变化。今天,许多家长(主要在城市)在给孩子进行割礼时,不一定非要请阿訇,而更愿意请有手术经验的维吾尔泌尿科医生,传统的"吾斯土拉"被手术刀所代替。由于割礼符合生理卫生的要求,现在新疆一些非穆斯林民族的孩子也有在医院进行割礼手术的。割礼仪式通常于割礼手术后在宴会厅举行。

少妇礼

维吾尔妇女在结婚并生育了一两个孩子后,要为她举行"居宛托依"仪式(少妇礼)。这个仪式由少妇的父母操办,邀请亲朋好友中的女性参加。

仪式的这天,要将少妇的头发从中间分成两股,梳理成两条大辫,把刘海和鬓发也梳入两股头发中,并用两根线薅去脸面上的汗毛(这在民间称为"开脸"),略施粉黛。之后,由两名妇女陪同少妇向来客行礼，来客起身向她道喜，并将带来的礼物送给她。其父母和丈夫也要赠送新衣、首饰等较贵重的礼物，以示祝贺。这个仪式的举行，标志着该女子在社会生活、操持家务等方面已成熟，正式进入成人妇女的行列。从此，她可以公开参加社交活动。这个仪式现在城市里已不举行，但在一些农村仍保留着。

在于田、民丰等地，少妇的妈妈要早早为女儿准备一整套象征成熟的服饰，亲眼看着女儿穿上。小茶碗样的黑羊皮帽，像一朵黑色的花别在雪白的长头巾上，再穿上胸前有7道蓝色彩条的黑色长袍派里间（即箭服），使美丽的于田少妇显得格外沉着飘逸。这身服饰是身份的象征、成熟的显现、德行的标志。

在维吾尔人眼里，女人只有结婚并生了孩子才算一个完整、幸福的女人。送给少妇这套服装，是希望她独立、成熟、幸福。有了这套服装以后，妇女们也进入了一个最美妙的年龄，相夫教子，让日子过得更加多姿多彩。从此之后，她可以代表家族出席所有的成年妇女参加的活动，这是她作为女人人生旅途上的"里程碑"，是父母、丈夫和社会对她的认可。

葬礼

再美丽的花朵也有凋谢之日，再动听的音乐也有终了之时。人生的旅途再长，也有尽头。葬礼让逝者安息，挽歌让生者感情得以抒发。

维吾尔、哈萨克等民族有灵魂不灭的观念，认为人死后，灵魂就离开人体而存在。他们对葬礼非常重视，整个葬礼既庄重而又充满悲情。

在喀什噶尔，伊斯兰教是它生活图画中的重要部分。在高高的断崖上，坟墓密密麻麻，站着一圈人，正在参加葬礼；他们前仰后合，

口中吟唱着，吟唱的歌声曲调悲哀，节奏变化多端，强烈粗犷……⑧

可以想象，新疆伊斯兰葬礼给当年的外交官夫人怎样深刻而难忘的印象！

维吾尔、哈萨克、回、柯尔克孜和塔吉克等信仰伊斯兰教民族的丧葬仪式，基本上是按伊斯兰教的礼仪进行的，实行土葬，不用棺椁，盛行速葬薄葬，一般早亡晚埋，晚亡午葬。他们认为在主麻日（礼拜五）、斋月期间、肉孜节、古尔邦节去世是死者的福气，是件好事。许多民族都有"落叶归根"的习俗，维吾尔人更为讲究这一点，他们愿意在自己家里静静地死去。如患重病治疗无望时，他们便回到家里，而不愿死在病房；若有人突然在外地去世，家属也要千方百计把尸体运回家乡埋葬。

维吾尔人临终前，子女及亲友要到床前听取遗嘱，请阿訇来为即将逝去的生命念经"赎罪"，以祈求冥福。停止呼吸后，由在场的年长者为死者合眼、顺足，用布绑其下巴（防死者下颌脱下），并捆住两个大脚趾，面西而放，用干净的白布遮盖。之后，派人分头向死者亲友报丧，得到消息的人陆续来到死者家，向死者家人表示慰问。一般与死者认识的人都会来奔丧。当亲友来吊唁时，死者的亲属哭唱挽歌表示哀悼。挽歌多由亲人自编自唱，有些人唱起挽歌悲哀凄切，催人泪下。

葬前为死者净身，并用白布裹尸，一般男性缠3层，女性缠5层。净身后，将尸体放入"塔吾提"（灵架）里，由亲友护送到清真寺举行葬礼，由阿訇念经并致悼词。接着，将死者抬往墓地，置于墓中，再用土将口封好。送葬时由男性参加，妇女不能去墓地。

死者亲属服孝，男子头戴帽子，束白色腰带；女子头戴白纱巾，

---

⑧ ［英］凯瑟琳·马噶特尼、戴安娜·西普顿：《外交官夫人的回忆》，新疆人民出版社，1997年。

穿白色裙子。服孝期间（一般为1年），死者的亲属不能参加娱乐活动，不能戴首饰或穿色彩鲜艳的服装，死者家里不能举行婚庆喜事。死者被安葬后，亲朋好友邻里陆续为丧家送来食物。人死后的第3天、第7天、第40天和周年都要举行"乃孜尔"（祭祀），请亲友参加，做抓饭招待，并请阿訇念《古兰经》，这是对

清真寺内的洗尸盆与抬尸架

死者表示缅怀和悼念的主要活动。参加"乃孜尔"的人不能穿鲜艳的衣服，男性一般戴帽子，女性要戴头巾。在"乃孜尔"举行的过程中，阿訇每隔一会儿就要诵经一段，场面甚是肃穆庄严。每逢死者的纪念日和古尔邦节、肉孜节，死者亲属都要去墓地为死者念经祷告，并为坟培土，以示悼念。

　　回族亲人亡故，即请阿訇念经，尸体停放在尸床上，然后净身，为之穿上"开凡"（尸衣）。在尸体的口、鼻、耳、眼等处放上一些香料，然后把尸体移进清真寺送尸用的长匣——"塔布提"内，阿訇及众亲友面对"塔布提"站立，阿訇口诵《古兰经》举行"站礼"仪式（类似与遗体告别），仪式结束后抬至坟地掩埋。葬后，阿訇再念一段《古兰经》，葬礼就结束了。整个葬礼中亲友不得哭泣，据说哭对亡人不利。

　　哈萨克人的葬礼既按伊斯兰教规，又具有游牧民族的特色，一般

参加"乃孜尔"的男性

包括停尸、报丧、吊唁、净身、赎罪和送葬等程序。家里有人去世，要请近亲或邻居中善于言辞者去向亲属报丧。到后并不直言相告，而是讲些格言谚语，婉转地告知死讯，以免死者亲人感到突然和恐慌。如说："钻天杨一经中断，用金子也接不起来。从源头浑起的河水，倒进水银也不会澄清。人不能跟着死者而死，也没有死者能够复生。"说完这些，才告知谁怎样去世。当死者亲友痛哭时，要重复上述言辞安慰他们。吊唁时唱挽歌有固定的曲调，内容由亲人自己编，以表达失去亲人的痛苦。其悲哀之状，催人泪下。近亲来吊，在离丧家一公里左右便放声大哭。死者家属听到哭声，妇女在屋里按年龄大小排坐，男子则到毡房外按长幼排成一行，哭唱挽歌以迎来者。来人先与男人们一一拥抱哭唱，再进屋同妇女们拥抱痛哭，并和死者遗体告别，请死者的亲人节哀。赎罪仪式请毛拉为死者祈祷，帮他完成他生前未完成的礼拜义务。为了给死者赎罪，必须把一些牲畜施舍给孤苦的人并酬谢毛拉。赎罪后将灵柩移出毡房，毡房的门帘朝外翻起搭在毡房上面，表示刚死了人。然后由毛拉念经，请真主保佑，祝死者安息。念完经，死者的亲属问众人："这个人生前是怎样的人？"众人异口同声地回答："是个好人，祝他（她）升入天堂！"

　　蒙古人传统的丧葬形式有天葬、土葬和火葬3种，在丧葬吊唁方面有独特的礼仪。入殓前，请一位喇嘛念经，引魂指路。死者亲属不穿孝服，不烧纸钱。按照蒙古族传统，人死后不在外边设灵棚祭奠，而是入殓后仍停放在原住的房里，用帘幕遮着遗体进行祭奠仪式，待埋葬时才移动送葬。埋葬前，白天由喇嘛念经，晚上由俗人们轮流通宵念经，以超度亡灵。前来吊唁的亲友将一条哈达奉献在灵前并施礼。20世纪四五十年代以后，土葬已成为蒙古人普遍采用的丧葬形式，居住在城市的蒙古人实行火葬。

　　塔吉克人在出殡时，除许多与其他信仰伊斯兰教民族相同的仪式之外，还有一些不同的习俗。尸体从屋子里抬出时，要在炉灶里燃起烟火，并将屋子的天窗关好。家中若有孕妇，孕妇要抚摸死者的殓衣，并从殓衣上抽出一根线缠绕在指头上，以求日后产时平安顺利。若死者是未婚女子，要精心修饰，让她与屋里的顶梁柱成亲，方可抬出屋。塔吉克人认为，姑娘来到人世，不能不结婚，对父母而言，这也是尽父母的义务。出殡前，死者的亲人要吻死者的手，与死者告别。运送尸体一般采用两种方式，如若距离较近，用梯子做灵柩，上面盖上"凯先干"（盖尸布），4个人轮流抬着走，一般走得很快，中途停放3次。据说，这样亡灵去另一个世界时道路畅通，可直达天堂。如果安葬的地点较远，则用骆驼驮运。这峰骆驼要格外装扮一番，用各种刺绣织品和绸缎使骆驼显得鲜艳夺目。如若有2—3天的路程，每至一处歇息地都要举行一定的祭奠。如今交通状况改善，已用汽车运尸，不过汽车也要装扮一番。

　　用敬烟方式安慰死者家属，是塔吉克人独特的习俗。据说烟苦丧事更苦，用敬烟的方式安慰死者亲属，可以"以苦抑苦"。当死者家属悲痛地哭丧时，吊唁的人上前敬烟，让他莫太难过和悲伤；哭丧者接过烟后，就不再哭泣。平时，在路上遇到死者的亲属，也要主动上前敬烟，表示对死者亲属的安慰，双方都能心领神会。若同村里有人要办喜事，定要征得丧家的允许后方可举办。这种时候，要到丧家长时间地进行解释并敬烟。

风情新疆

喜庆而隆重的节日

新疆多元的文化和宗教特色，使得新疆少数民族节庆丰富。新疆少数民族除与中国各地同胞共同欢度元旦、国庆节等节日外，还有各自独具特色的节日庆典。这些节日庆典历史悠久，其产生大多与宗教祭祀和民俗有关。近年来，随着旅游业的兴盛，新疆各地纷纷举办具有地方特色的旅游文化节。这些节庆活动，不仅让各地的游客领略到了新疆各民族风情，也促进了许多新的旅游品牌的诞生。打算去新疆办事和旅游的朋友，了解这些节日时间和风俗，是很有必要的。

宗教性节日

古尔邦节

古尔邦节，是维吾尔、哈萨克、回、柯尔克孜、塔吉克、乌孜别克和塔塔尔等信仰伊斯兰教民族的隆重节日，与肉孜节、圣纪节并称为伊斯兰教的三大节日。"古尔邦"是阿拉伯语的音译，意为"献牲"，是根据古代阿拉伯地区的宗教传说演变而来的，所以也叫"宰牲节"，新疆的回族多称"大尔吉"。

相传在很久以前的一天夜里，先知伊卜拉欣梦见安拉（真主）命令他到密那山谷亲手杀死自己的儿子伊斯玛仪作为对安拉的献祭，以试他对安拉的虔诚。当伊卜拉欣遵从安拉的旨意，把儿子带到密那山谷，正要举刀砍向爱子时，安拉派遣天使送来一只公羊，说安拉已经看到他的虔诚，可以用羊代替献祭。根据这一传说，阿拉伯人形成了每年宰牲献祭的习俗。穆罕默德创立伊斯兰教后，继承了这一风俗，并把伊斯兰教历十二月十日定为古尔邦节。伊斯兰教规定，教历每年十二月上旬为教徒履行宗教功课、前往麦加朝觐的日期，在最后一天（即十二月十日）以宰牛羊的形式庆祝。随着伊斯兰教的传播，古尔邦节成为全世界信仰伊斯兰教的各民族共同欢度的盛大节日。

按照传统习惯,节日前,家家户户都把房子和院落打扫、整修一新,并为家人缝制或购买节日新装,特别是要预先买好作为"献牲"的牲畜。妇女们则要炸馓子,烤制油馕,制作各种糕点,购买各种糖果等食品。无论城市乡村,不管男女老少,过节的人身上至少要添一件新东西:要么是一套新衣,要么是一双新鞋;男的或许是一顶巴旦木花帽,女的或许是一条头巾。

节日清晨,男人们沐浴更衣,到清真寺参加聚礼。这一天清晨的礼拜,是一年中规模最大的一次礼拜,所有的成年男人都得去当地的礼拜寺参加聚礼,场面蔚为壮观。最著名的有喀什艾提尕尔清真大寺前的大聚礼。聚礼之后,乐师们登上艾提尕尔清真大寺的门顶,敲起纳格拉,吹起苏奈依,大寺前广场上的男子们就会跳起热情奔放的萨玛舞。

节日聚礼之后,以家庭为单位,由家中长者带领,去墓地为亡故的亲人祈祷。按传统,节日聚礼之后的早晨是献牲祭祀、取悦安拉的最佳时机,男人们回到家后的第一件事就是宰牛羊。节日第一天的早

萨玛舞

古尔邦节宰牲

上，家家都在宰牲血祭，各家各户一派忙碌的景象。为古尔邦节"献牲"的羊必须健壮俊美。节日期间，境况稍好一点的家庭都要宰一只羊，富裕的家庭甚至会宰牛或骆驼，用以待客或馈赠亲友。农牧民则要早早从自家牛羊中选定一只，加草加料，单独饲养。居住在城镇的人家，则要购买。每逢古尔邦节，在城镇的大街小巷到处都能看到拉着牛羊的车。塔吉克人在节日前一年产羔时，就挑选出一只黑眼睛、毛色纯白的羔羊加以喂养。宰羊之前，要将羊的眼睛涂抹得很漂亮，然后将其抬上屋顶，宰后将羊血涂于孩子的额头和面颊，以示吉祥。哈萨克人在宰羊时不绑羊腿。传说宰的这只羊是上天堂乘骑的牲畜，绑了腿就没法行走，也就上不了天堂。所以，宰羊时，全家人都来抓住羊，不让它乱动。节日第一天各家各户格外忙碌，又是炖肉，又是灌面肺和米肠，又是烧羊头，节日气氛非常浓郁。依照传统，宰的牲畜肉不能出卖，其中一份用来招待拜年的客人，一份留给自己享用，一份要作为施舍分给孤寡老残和穷苦人。

节日期间，家家户户桌餐桌上都放着一大盘香喷喷的羊肉和金灿灿的油炸馓子，周围用小碟子盛着各式糕点、糖果等。人们穿上最好的衣服，戴上最好的首饰，互相拜节、问候，热情招待来拜年的客人。平时有隔阂、有矛盾的人相互走访，消除误会和矛盾，节日里充满和谐融洽的气氛。节日第一天，首先给近期内发生过丧事等家难的亲友、

喜庆而隆重的节日

节日里表演的老人

邻里拜节，表示慰问；其次是给夫妻双方的长辈拜节；再次，就是给近邻和长者拜节。节日期间，家长还要给孩子们发贺节钱，举行各种庆祝活动。沉浸在节日气氛里的人们欢声笑语，载歌载舞，处于欢乐之中。

虽然古尔邦节法定假日为 3 天，但民间的拜节活动往往要延续十天半月。民间的拜节活动，是增强社会联系、严守礼尚往来准则的重要表现。

肉孜节

"肉孜"为波斯语，即"斋戒"的意思。肉孜节是新疆信仰伊斯兰教的维吾尔、回、哈萨克、柯尔克孜、塔吉克和乌孜别克等民族的重要节日，伊斯兰教历十月一日举行，主要为庆祝斋月期满，所以也叫开斋节，新疆的回族多称之为"小尔吉"。

伊斯兰教规定，每年的莱买丹月即伊斯兰教历九月为斋戒月，除小孩、老弱病人和孕妇外，凡是健康的成年穆斯林都要封斋一个月。斋戒是伊斯兰教徒的五大功课之一。封斋期间，人们要做到清心寡欲，每天从黎明到日落前，要戒除一切饮食和房事。每日只在日出前和日落后进两餐，日出前的饮食为封斋饭，日落后的饮食为开斋饭；白天绝对禁止吃喝，称为守斋。斋戒不仅是不吃不喝，主要是杜绝一切不良行为。由于斋月被认为是一年之中最为尊贵的月份，故大部分穆斯林尽力多做善事，扶贫济困，按时礼拜。斋月的开始与结束，均以新月初现为准。封斋第 29 日傍晚如见新月，次日即为开斋节；如不见，则再封一日，第二日为开斋节，庆祝一个月的斋功圆满完成。维吾尔、乌孜别克等民族在吃斋饭时，亲友、邻里之间都热情相邀。

关于肉孜节的来历，有两则宗教传说流传于维吾尔民间。相传古时候，有一次闹灾荒，孩子们由于饥饿啼哭不止。母亲们无奈，把拳头大小的卵石放进锅里煮，哄孩子们说："妈妈给你们做汹克提麻克

欢度节日

（一种饭食，用玉米面做成，形状像窝窝头，水煮，吃时带汤）吃。"并且不时地用木棍戳一戳给孩子们看，让孩子们相信还没有熟、太硬，不能吃，需要耐心等待。一次又一次，孩子们再也没有耐心等待了，闹着非要吃不可。母亲们没办法，只好揭开锅盖，还想用木棍戳给孩子们看。不料，木棍竟然戳了进去。母亲们很惊奇，仔细一看，原来锅里煮的卵石都变成了可以用来充饥的"恰玛古"（即蔓菁）。人们相信这是神灵为了拯救他们而显示的奇迹，奔走相告，彼此祝贺得救，载歌载舞，以各种娱乐方式欢庆，感谢真主的恩典。从此，每年的这一天，人们都以同样的方式纪念，久而久之相沿成习，流传至今。另一则传说故事是：古时候，人们为了躲避强大的袭击、劫掠而藏在深山密林里，白天不敢生火煮饭，怕升腾起来的烟被人发现，等到天黑时才动火做饭吃。这样年复一年，代代相传，遂演变成俗。

在节日来临前半个月，人们便开始打扫室内外卫生，洗涤衣物、器皿，缝制新衣，炸馓子、打馕、做点心，准备节日食品。节日清晨，成年男性沐浴净身后,聚集在清真寺做盛大的节日礼拜。礼拜结束后,以家庭为单位,由长辈带领到墓地悼念亡故的亲人。节日期间,家家户户都备有丰盛的节日食品,如馓子、糖果、点心等,男女老幼身着节日盛装,走亲访友,互相拜节,欢聚一堂。同时,还要举行各种娱乐活动,到处洋溢着节日的欢乐气氛。与其他民族不同,回族视肉孜节为大节。塔吉克人虽然过节,但不封斋。现在有不少信仰伊斯兰教的群众虽然在斋月期间不封斋,却把肉孜节作为自己的传统节日来庆祝。中国政府规定:信仰伊斯兰教的民族肉孜节放假一天,欢度佳节。

肉孜节和古尔邦节都来源于伊斯兰教,有许多相通之处,节日的时间按伊斯兰教历计算。伊斯兰教历以月亮的一圆一缺为1个月,12个月为1年,1年为354天或355天,比公历少11天,每过32年左右就比公历多出1年。所以,穆斯林的节日按照公历或农历来说是不固定的,同一节日往往要比前一年提前11天左右。在公历中,相当于节日的日期在每32.6年的每个月都轮了2—3次。每个伊斯兰教徒一生中都有可能体会到在春夏秋冬四季过节的不同感受,这就是伊斯兰教历的绝妙之处。

伊斯兰教历自创制至今14个世纪以来,一直为阿拉伯国家和世界穆斯林作为宗教历法所通用。至今,中国信奉伊斯兰教的各族穆斯林在斋戒、朝觐、节日等宗教活动中,仍依据此历法计算。应该指出的是,现在肉孜节和古尔邦节早已由原来的宗教节日演变成信仰伊斯兰教各民族的民族节日。

巴拉提节

巴拉提节是维吾尔和塔吉克等民族的传统节日。因为节日晚上家家点油灯,塔吉克人又称其为"皮里克节"(皮里克即灯捻的意思,汉语直译"灯节")。"巴拉提"是阿拉伯语,意为"赦免"。伊斯兰教历每年的八月十五日过此节,节期2天。相传,八月十五日之夜,真主亲临天堂的最下层,巡视人间,决定人们一年的生死祸福。这天晚上,虔诚的穆斯林们为了赎回平日可能犯下的"过失",要守夜,"大净"之后,跪坐在礼拜毯上诵经、礼拜、忏悔、祈祷,或请阿訇到家里念经,以图来年的平安吉祥。

巴拉提节的另一显著特点,就是祖灵崇拜遗风,家家户户要炸油饼,然后带到墓地祭祀祖先,民间俗称为"散油味"。人们相信,炸油饼时的油烟香味飘上天去,能使祖先的神灵领受祭献之物和祈祷。晚上,各家都将油葫芦拴在一根木杆上,点燃后任其落地,大家群起用脚踏碎此葫芦,表示消灾弭祸。青少年们手举用旧葫芦做的火把,成群结队,尽情高唱巴拉提节歌:"巴拉提来到了,你的肚子饱了吗?你看我的油葫芦多么亮啊……"他们在村子里挨家挨户地转游,要求施舍食物。

家族成员上坟

在伊斯兰教的几个节日中，塔吉克人对巴拉提节更为重视，认为这是召唤吉祥的节日。它也是塔吉克人祭拜祖先的节日。节前，家家户户将浸过羊油的棉花缠在干草棍上，给家中每个人做两支油烛，并做一个大火把。节日头天晚上，将油烛插在一个盛满沙子的大盆内，全家围坐在大盆周围，家长先做祈祷，而后呼唤每个人的名字，每叫一人便点燃两只油烛。等油烛都点燃后，每个人伸出双手，在烛焰下晃动一下，然后祈求真主赐福，祝全家平安、牲畜兴旺，接着一家人相互祝福。仪式结束后，大家在烛光前共进丰盛的节日晚餐。餐毕，各家各户将火把安插到屋顶上点燃，以示召唤吉祥。孩子们在外面燃起篝火，做丰富多彩的游戏。此时，家家屋顶上火光熊熊，山村里灯火通明，洋溢着浓厚的节日气氛。第二天，人们互相拜年，夜间举行墓地"皮里克仪式"。各家各户为亡故的亲人杀牲，准备各种食物，以便夜间带往墓地祭奠亲人。黄昏，当"皮里克"点燃后，一家人跪在地上祷告：祖先们，我们不会忘记你们的贡献，不会忘记你们的亡灵，安息吧！我们不会辜负你们的遗愿，愿你们的亡灵佑助我们！祭奠完毕，全家围坐在一起用餐。

墓地

麦德尔节

麦德尔节是蒙古族传统节日，也叫麦德尔经会，麦德尔即弥勒佛。清光绪十四年（1888年），巴音郭楞蒙古自治州和静县巴仑台黄庙修建落成时，西藏13世喇嘛给黄庙一尊麦德尔佛像，佛像揭幕的时间恰好是农历正月十五日。以后每逢这一天，新疆的喇嘛们就要沐浴、斋戒、诵经，举行盛大的"禅木"经会活动，届时蒙古族人民也都赶来参加，朝拜麦德尔佛像，还举行摔跤、骑马等比赛。后来，这个祭祀活动逐渐演变为新疆蒙古人的传统节日。这一天，不仅是蒙古人的一个节日盛会，也是每年最大的庙会。届时，各喇嘛庙最为热闹，庙内挂着弥勒佛的像，大喇嘛头顶法帽，坐台念经，寺庙内香烟缭绕，号鼓齐鸣。信奉喇嘛教的群众敬献供品，烧香叩拜，等候大喇嘛摩顶，祈求佛保佑在新的一年里牲畜繁衍，无灾无难。摩顶结束，大喇嘛将缠有红布的木棍抛向人群，被击中者是幸运者，一年就会吉祥如意。祭祀活动结束后，大家唱歌跳舞进行娱乐活动。现在，节日的宗教色彩逐渐淡化，人们去寺庙叩头摩顶后，欢聚一堂，相互拜年，互道祝福，载歌载舞，庆祝节日。

塔格勒根节

"塔格勒根"是祭敖包的意思。塔格勒根节是蒙古人祭祀天地日月和大自然的节日，一般在农历五月至七月举行，多在水草丰盛的高山丘陵过节。祭敖包是蒙古人最隆重热烈而又比较普遍的一种传统祭祀活动，人们通过祭敖包祈求天地神保佑人间风调雨顺、牛羊兴旺、国泰民安。

敖包，即石堆之意。据《蒙古秘史》记载：成吉思汗在早期被蔑儿乞特人追赶时，藏在远处的一座深山里，蔑儿乞特人绕山3圈没有抓住成吉思汗。蔑儿乞特人远去，成吉思汗下山后说："是这座山掩护了我，保住了我的性命。我将每天祭祀，让我的子孙都知道这件事。"

元代（1206—1368）忽必烈曾制典，王公大臣每年必须致祭名山大川。由于有的地方没有山或离山较远，群众就"垒石像山，视之为神"。这种山只是像山，不是自然的山，是人们用石头或土堆起来的，也就是现在的敖包。从那以后，蒙古人就开始祭祀敖包了。

蒙古人似乎与敖包有不解之缘，他们走到哪里，就会把敖包堆到哪里，或者说，哪里有蒙古人居住，哪里就会有敖包。人们每逢外出远行，只要在途中碰上有敖包的地方，都要祭拜一下敖包，往敖包上添一些石块，再拜一拜，祈求神灵保佑人们平安吉祥、一切顺利。一首《敖包相会》使越来越多的人知道了敖包这一蒙古民族文化传统。

过节时，蒙古族群众携儿带女，或骑马，或乘汽车、拖拉机从四

祭敖包

面八方云集于敖包下，往敖包上添加石块，并插上蓬花枝或柳树枝，将红、白、黄等象征哈达的布条拴在枝上。每个祭敖包的人都要往敖包上放石头，哪怕一两个石子也行，还要在敖包上摆上羊头肉、奶食品、油炸果等供品。祭祀时，场面非常隆重、热闹，由活佛和有地位的喇嘛领着众人绕着诵经祈祷，此时妇女不能参加。绕完3圈后，大家向敖包跪拜磕头，祈求老天降福于人间，恩赐人们平安无事；祈求风调雨顺，使大地水草丰盛，五畜兴旺。祭拜仪式结束后，还进行赛马、摔跤、射箭等传统民间娱乐活动，并且宰羊煮肉、大办酒宴。人们欢聚一堂，载歌载舞，场面壮观，气氛热烈。

在现代，随着蒙古人科学文化水平的提高，塔格勒根节宗教色彩淡了，娱乐活动多了。人们过这个节日主要是由于夏季绿草如茵，牲畜长膘，牧民们也忙完了接羔育幼的紧张生产，因而借此机会，亲朋好友聚会，叙家常，互相庆贺，青年人登山玩水、谈情说爱，同时进行物质交流等贸易活动。现在，塔格勒根节多和"那达慕大会"同时举行。

复活节

复活节是俄罗斯族最隆重的传统节日（俄罗斯语称"帕斯喀节"），是为了纪念耶稣复活而设立的。复活节没有固定日期，在春分后第一次月圆后的第一个星期天，一般不早于4月4日，不晚于5月10日。复活节前，人们按宗教传统进行大斋戒，戒期为49天，每天只吃一顿饱饭，其余两顿只吃半饱；食物极为简单，不许添加任何油荤；戒期也不许唱歌跳舞，以示哀悼被钉死在十字架上的耶稣。现在，除了老人和教徒外，中国很多俄罗斯族人已经不再守戒了。节日这天，家家都准备丰盛的食品，人们穿上节日盛装，互相登门祝贺，纪念耶稣的复活。大家一见面就满怀喜悦地说"耶稣复活了"，对方高兴地回答"真正复活了"。各家都准备许多涂着各种色彩的鸡蛋，每个来贺节的客人都会得到一个彩色鸡蛋，一份"比切尼"（糕点）、"古力奇"（面包），以象征生命的昌盛。节日期间，人们或举办家庭聚会，或参加集体舞会，尽情欢歌曼舞，进行庆祝。

圣诞节

圣诞节也是俄罗斯族的喜庆佳节，是为了庆祝耶稣的诞生。由于俄罗斯人在十月革命以前使用俄历，与现行公历不同，虽然现在全世界信仰东正教、天主教、基督教的人们都在12月25日欢度圣诞节，但俄罗斯族的圣诞节却在次年的1月7日。当节日来临时，各家都用柏树或松树布置成华丽的圣诞树，准备丰富的节日食品，款待客人。晚上团聚时，装扮的圣诞老人向大家赠送礼物，还举行唱诗会，以表示对耶稣降生的庆贺。新疆维吾尔自治区政府1983年规定，复活节和圣诞节全疆俄罗斯族同胞分别放假1天。

年节

春节

在新疆，春节不仅是汉族人民的传统佳节，蒙古、锡伯、满、达斡尔等民族也把春节作为自己的盛大节日来欢度。

新疆的蒙古人称春节为"查干"，即"白节"之意。他们崇尚白色，认为白色象征纯洁、吉祥，因此把新年的第一个月称为"查干萨日"，即白月。蒙古人很注重辞旧迎新，春节过得很隆重。进入农历十二月就开始准备食品、添置新衣和祭祀用的供物。这样隆重的节日里，蒙古人家的院内笼罩着浓浓的节日气氛。蒙古人从"古其"（年三十）前几天开始就忙着准备炸糕、馓子、油饼等食物，取出储备的肉类，备办糖果等。

除夕之夜，长辈带领全家人向家中神龛上的佛像行大礼，焚香点

喜庆而隆重的节日

蒙古家庭欢度春节

烛，供以牛羊肉和奶制食品，然后祭祖。之后，全家人团聚在一起吃手抓羊肉、饺子。饭前，晚辈给长辈敬酒、叩头，长辈则向晚辈送祝福。在同一牧村里，晚辈都要带着酒、哈达给长辈拜三十。另外，在大年三十吃完牛羊的肱骨肉后，将肱骨砸开，全家分吃骨髓，以示砸碎了鬼的肱骨，驱邪逐鬼，辞旧迎新。除夕夜里，家家香烟缭绕，美酒飘香，灯笼烛光，载歌载舞，充满了节日气氛。孩子们放鞭炮欢度除夕，长辈们饮酒吃肉，整夜不眠。初一清晨，男女老幼皆着新装，先举行祭祖、祭天仪式。长辈领着孩子去祖上的墓地祭祖，或者在蒙古包外用石头或雪块垒一个小敖包，上面放羊头、胸叉肉、油炸果等供品，之后磕头，向天上洒一盅酒，表示祭天，再向敖包上洒酒，表示祭祖。接着由德高望重的老人致节日祝词，说些吉利的话。晚辈给长辈敬酒、献哈达，长辈祝福晚辈，送手帕、糖果等礼物。大人们则互献哈达、鼻烟壶,行拜年礼。初一至初五是最热闹的几天,农家欢声笑语,食肉丰盛,美酒飘香,人们三五成群,带上酒和礼物,逐家向亲友拜年。即使几十里外的长辈家,晚辈们也要去看看。拜年活动一直延续到正月十五,这期间还要举行"查干茶宴",宴请亲友邻里。

春节,锡伯人也叫过年。大年三十这一天,各家各户杀猪宰羊,妇女们忙于炸油果子、油饼,烤制具有民族特色的发面饼,做锅盔,煮牛羊肉,做"萨萨罕索吉"(用羊肉、干豇豆等做的菜)、"车勒"(用牛肉、胡萝卜、土豆、白菜等做的菜)等菜。年轻人则一早前往墓地清扫坟头的雪,之后便去给亲戚、长辈送酒、糖果、点心、肉等年礼。晚上,一家人团聚在一起,共吃丰盛的团圆饭。开饭之前,家长先带一家老小祭拜祖先,敬土地神。用完餐,家中的男性由家长率领到保存本哈拉(哈拉,即"姓")家谱的人家,为祖先烧香磕头,给哈拉达(族长)拜年,并给晚辈讲解本哈拉的发展情况。晚上,家庭中的女人们聚在一起剁馅包饺子,老人们带着孩童一起玩"嘎尔出克"(也叫比石,即动物的髌骨)游戏,大家嬉耍玩乐到深夜才睡觉。

第二天一早,各家各户都争先恐后地早起,煮饺子吃。之后,父母带着子女到亲戚朋友家拜年。过去,春节前家家户户备足一个月的发面饼和菜肴,在整个正月里,大家主要是走亲戚,参加各项文化活动。现在虽然过年的时间没有以前长,但是生活在察布查尔锡伯自治县的锡伯人仍然会举办丰富多彩的庆祝活动。

诺鲁孜节

"诺鲁孜节"原为波斯语,意为"新的一日""新年",标志着新年伊始,春回大地。伊朗历一月一日(相当于公历3月21日或农历春分)举行,是真正节气意义上的春天的节日。诺鲁孜节延续3天至15天不等,故也有人把3月称为"诺鲁孜月"。

诺鲁孜节是流行在中亚、西亚、高加索、巴尔干等广大地区的古老节日,至今已有超过3000年的历史。古代游牧民族度过寒冬,迎来冰雪消融、草木返青、大地复苏、牲畜产仔的时节,牧民们欢天喜地迎接春天的到来,准备开始草原放牧,因而有了这个节日。这一天,全世界有30多个民族、3亿多人以各种方式庆祝诺鲁孜节。目前,全世界至少有15个国家把"诺鲁孜"定为国家节日,伊朗和阿富汗还把"诺鲁孜"作为新年的开始。2010年,联合国大会通过一项决议,把公历3月21日命名为"国际诺鲁孜节",同时还把这一天定为"世界和平文化日"。

诺鲁孜节是亲友团聚的日子,是喜庆欢宴、载歌载舞的日子。每年的这一天,新疆维吾尔、哈萨克、柯尔克孜、塔吉克、乌孜别克、塔塔尔等民族都要以各种形式庆祝诺鲁孜节。2010年5月,诺鲁孜节被列入民俗类别的国家级非物质文化遗产。

关于诺鲁孜节的来历,在哈萨克民间流传着一个传说:相传,很早以前,有3个名叫艾孜、麦孜、诺鲁孜的哈萨克兄弟,他们在各自的阿吾勒过着富足幸福的生活。一年春天,洪水泛滥,冲走了两个哥哥的所有牲畜。待洪水过后,两个哥哥发现诺鲁孜和他的牲畜群都不

欢度诺鲁孜节

见了。多年过去了，一直不见诺鲁孜归来。两个哥哥悲痛万分，以为小弟弟死了，就给他举办了7日祭、40日祭、周年祭，后来又年年祭奠他的亡灵。不知中间过了多少年，又到了春天，诺鲁孜突然赶着牲畜回来了。原来，那一年洪水泛滥时，诺鲁孜赶着牲畜脱险了，到

诺鲁孜节表演

了远方一个水草丰盛的地方。诺鲁孜把他的两个哥哥和乡亲们也带到了那个地方，大家在那里过上了平安幸福的日子。因他回来的日子恰好是春分日这一天，为了感谢诺鲁孜，大家就把春分日命名为"诺鲁孜"。后来，"诺鲁孜"这一天逐渐演变成为哈萨克人象征吉祥、幸福、和睦的节日。

关于诺鲁孜节的产生，在柯尔克孜人中流传着这样一个传说：很久以前，柯尔克孜人在辽阔丰茂的草原上过着幸福、安康的生活。一天，卡勒玛克人洗劫了柯尔克孜牧村。面对突袭而来的强敌，一位名叫诺鲁孜的长者挺身而出，率领柯尔克孜人与卡勒玛克人展开了激烈的搏斗，最终在3月21日这天用智慧战胜了卡勒玛克人。草原恢复了往日的宁静，柯尔克孜人又过上了幸福、安定、和平的生活。后来，人们为了永远纪念英雄诺鲁孜，纪念抗击卡勒玛克侵略者的胜利，每年3月21日这天都要燃起堆堆篝火进行庆祝。

诺鲁孜节是辞旧迎新、希望春天能带来吉祥幸福的节日。维吾尔人的诺鲁孜歌谣充分表现了这方面的内容：

> 诺鲁孜节到了物价降低，
> 春雨喜降麦穗颗颗饱粒。
> 穷苦的人们有了生机，
> 家家户户欢天喜地。
> 今天母鸡孵出了雏鸡，
> 诺鲁孜节到了驱走悲凄。
> 妇女们喜气洋洋凑在一起，
> 姑娘、小伙子们格外高兴。
> 他们歪戴着帽鲜花插耳际，
> 歌声荡漾到处是欢声笑语。

吃诺鲁孜饭

  过节时，维吾尔、哈萨克和柯尔克孜等民族家家户户都要吃用羊肉、奶疙瘩、小米、麦子、大米等7种食物混合做成的"诺鲁孜饭"，用以预祝在新的一年里饭食丰盛。维吾尔人在诺鲁孜节时，把一个人装扮成冬季老人，等表演一番后，便脱掉冬装，换上单衣，以迎接春天的到来。至亲好友欢聚一堂，预祝丰收。过节之后便开始春耕播种。哈萨克人在节日这天穿上节日盛装，成群结队地从一个阿吾勒走到另一个阿吾勒，走家串户，吃"诺鲁孜粥"，唱"诺鲁孜歌"，互相拥抱、祝贺新年，祝愿在新的一年里风调雨顺、牛羊肥壮、人丁兴旺。每家每户还要奉献羊头给老人，老人在接受羊头时吟诵巴塔（祝辞）：祝愿家人平安，牲畜满圈，奶食丰盛。夜晚，阿吾勒里的小伙子和姑娘们聚集，点燃一堆篝火，通宵唱歌跳舞、弹奏乐器，尽情娱乐。当天亮时，他们向初升的太阳鞠躬施礼，往四周泼洒牲畜乳汁，然后各自回家。柯尔克孜人在傍晚牲畜从牧场回来的时候，家家户户在毡房前用芨芨草生一堆火，人畜从上面跳过，以驱除过去一年的晦气和病魔，迎来新一年的平安、欢乐和丰收。塔吉克人称此为"肖公巴哈尔节"。节日前夕，家家户户打扫卫生，并在墙上画上固定的花纹，洒上面粉，以示祝福，还要烤制一个过节用的大馕。节日这天，人们在众人推举的"肖公"（首领）带领下去各家拜年。各家妇女要给客人左肩上撒一些面粉，以示吉祥。

按照传统习惯，诺鲁孜节期间还举行各种传统的文娱活动，有动听的民族乐器弹唱、欢快的麦西热甫、时尚靓丽的现代民族服装秀，还有野游、赛马、叼羊、拔河、摔跤、荡秋千等，高潮迭起，让人目不暇接。

生产性节日

引水节

引水节是塔吉克人的传统节日之一，塔吉克语称"祖吾尔"，为"引水"之意。引水节在每年春季来临、冰雪融化之时举行。这是个农事节日，反映了帕米尔高原的自然环境和塔吉克人与之相适应的生产活动。塔吉克人生活的塔什库尔干地区气候寒冷，居民稀少，冬季山水冻结，春季来临时，需要砸开冰块，引水入渠，开耕播种。由于一户人家单独引水开耕力量有限，必须全村人一齐出动，修渠引水节就是在这一基础上形成的。每当春季来临，人们要在主要渠道的冰面上撒土以加快融冰速度，并准备好破冰的各种工具。每家还要烤制3个节日大馕。引水节这天，全村男人在穆拉甫（水官）的带领下，骑马到引水点，参加破冰、修整渠道的劳动。引水入渠之后，人们聚在一起，共食带来的节日烤馕，孩子们则相互撩水嬉闹。之后，人们共同祈求风调雨顺、庄稼丰收。接着举行隆重的叼羊、赛马等活动。这一天，帕米尔高原上的塔吉克牧民纷纷打开封闭了一冬的天窗，让阳光照到室内。

播种节

播种节也是塔吉克人的传统节日，在每年春播的头一天举行。节日这天，各家都要烤馕，还要做"代力亚"（一种用碾碎煮熟的大麦和压碎的干酪混合在一起做成的饭）。邻里相互拜节，当客人出门时，妇女跟随其后出来洒水，以祈求丰收。人们象征性地在口袋里装一点儿种子，请富有农作经验的老人向地里撒种，撒种时要点起烟火。一人撒种时，其余人都将衣襟宽宽地撩起，让种子落入怀中，这些种子要带回家去。然后，请一位有福气的老婆婆坐在地中间，一个人象征性地围绕她转圈翻挖土地。接着，人们相互发剩在口袋里的种子，并开渠把溪水引入农田。这时，大人孩子都互相用手往身上泼些水，预祝丰收。

撒班节

撒班节是塔塔尔人的传统节日，也叫犁头节，每年的春耕季节在风景秀美、水草丰茂的地方举行。撒班是塔塔尔人最早用来犁地的一种农具，它结束了塔塔尔人用落后的十字镐翻地的漫长历史，大大推动了生产力的发展。塔塔尔人为了纪念这种具有历史意义的新式犁的发明，于每年6月20日至25日农忙期间举行庆祝活动。人们坐在草坪上，吃着各种糕点、水果，在欢快的手风琴和小提琴的伴奏下，跳起热情奔放的舞蹈，唱起优美动听的歌。节日期间还要举行赛跳跑、摔跤、拔河、赛马等娱乐活动。节日里，最受塔塔尔人喜爱的是传统民间体育活动"赛跳跑"。每个参赛者口衔一把匙，匙内放一枚鸡蛋，有的还在腿上绑一个小沙布口袋。主持者口令一下，大家争先恐后地迅速向目的地跑，以鸡蛋不落地且最先到达终点者为优胜。途中鸡蛋掉落或用手扶鸡蛋跑的参赛者，成绩无效。这项活动虽然简单，但饶有风趣，家庭或朋友聚会时常常进行，其娱乐性大于竞技性。

纪念性节日

西迁节

西迁节是新疆锡伯人的传统节日。为了纪念锡伯人从中国东北西迁到新疆伊犁地区的伟大历史壮举，每年的农历四月十八日都要举行庆祝活动。1764年，清朝政府从盛京（今辽宁沈阳）征调锡伯官兵1020人，连同他们的家属共4000多人，西迁到新疆伊犁地区屯垦戍边。这一年的农历四月十八日，西迁新疆的锡伯人和留居东北的锡伯族男女老少，聚集在盛京的锡伯人家庙——太平寺，祭祀祖先，吃离别饭，与骨肉同胞分别。次日清晨，锡伯官兵及家属告别了家乡的父老乡亲，踏上了西迁的漫漫征途，经过1年零5个月的艰苦跋涉，到达了新疆伊犁地区。现在的察布查尔县锡伯自治县就是当年他们的驻地，那里

锡伯群众欢庆西迁节

的锡伯人是他们的子孙后代。

每逢农历四月十八日这一天，锡伯族男女老少都要穿上节日盛装，欢聚在一起，弹响"东不尔"，吹起"墨克调"，尽情地跳起舞姿刚健、节奏明快的"贝勒恩"，以表达对故乡的思念和对未来美好生活的憧憬。改革开放以来，节日的规模也由本民族部分人庆祝到全民族成员踊跃参与，从地域上由新疆向东北地区普及。2004年，在锡伯人西迁240周年之际，察布查尔锡伯自治县政府举办了纪念活动，各种文体活动、学术研讨会、经贸洽谈会，以及旅游、饮食、民族服装、民俗文化展示会等同步进行，使节庆活动成为全面展示和介绍本民族民俗文化传统的媒介。2006年，西迁节入选第一批国家级非物质文化遗产名录。

每逢节日庆典，新疆各民族便举行各种妙趣横生的娱乐活动。无论是农耕民族观赏性为主的娱乐活动，还是游牧民族竞技性为主的娱乐活动，都富有浓郁的民族特色和地域色彩，凝聚着新疆少数民族的习俗、智慧和追求，使生活多姿多彩、富有活力。不少活动已成为全国少数民族运动会的竞赛项目和表演项目，如赛马、摔跤、射箭、达瓦孜、叼羊、马上角力等。

精彩而惊险的传统体育娱乐活动

达瓦孜

达瓦孜（Darwaz）是维吾尔人的传统杂技表演艺术，汉语称"高空走绳"。达瓦孜历史悠久，汉文史籍中称其为"走大绳""走索""走软索""踏索"等。

在不远处沙砾遍地的平地上，
踏索人架起高接云天的索。
软索上翩翩而舞的少年，
正把种种惊险动作表演。
五色彩旗随风飘舞，
唢呐和手鼓一齐奏响。
欢乐的掌声献给表演者，
眼望他一步步升碧天。
高声呐喊者是跳神的萨满，
呐喊着把绳戏的寓意演讲：
寓意对高空的永恒向往，
寓意对蓝天的虔诚敬仰。

精彩有趣的民间娱乐活动

　　这是维吾尔诗人库尔班·巴拉提在史诗《白头巾的神女》中对"踏索"亦即"达瓦孜"的描述。从诗歌中可以看出，早在维吾尔人还信奉萨满教的时代，为了欢庆丰收，艺人们架起高索，悬挂五色彩旗，

达瓦孜

惊险刺激的高空倒挂

伴随着鼓乐声,在高空的绳索上表演种种惊险动作,以表谢天之意。

在维吾尔人中流传着一个有关达瓦孜的传说:古时候,在一座维吾尔人居住的城市里,出现了一个妖魔,恣意妄为,时常降灾祸给人间,全城人不得安宁。人们想铲除妖魔,无奈它在空中来去,呼风唤雨。一天,来了一位名叫乌布利的青年,决心杀死妖魔,为民除害。乌布利立起数根高接云天的粗木柱,木柱间用粗索连结。等妖魔出现在城里,他便灵巧地踏索而上,与妖魔展开了殊死搏斗,砍掉了妖魔的头颅,为人民除去了大害。

达瓦孜既是一项精湛的民间表演艺术,又是一项综合性的立体体育活动。其特点是把多种多样的杂耍技艺搬到数十米高空的绳索或钢丝上演示。达瓦孜表演多在露天进行,首先要选择一块100×60米的空旷广场,在场地中心竖起一根约30米高的长杆,顶端扎牌楼,上插彩旗,似空中楼阁。四周用钢筋和绳索牵制,使之不至于倾斜和栽倒。一根长80米左右的粗大绳子从木杆的顶端斜拉到地面固定,使之与地面形成约 45 度的角。表演分为地面表演和空中表演两部分。表演者先在地面上进行翻筋斗、徒手打、杂耍、碗技和魔术等表演。空中绳上表演堪称达瓦孜最精彩的部分。表演者手持一根长约 6 米的平衡杠,赤脚由平地踏上逐渐升高的大绳,在软绳上做盘腿坐索、骑索、侧走、翻筋斗、蒙眼走、飞身跃等多种高难度惊险动作。有时,表演者行至高处,人像是失控,眼看要从数十米高处栽下,但瞬间表演者却双腿夹绳,安然无恙,让观者虚惊一场。倘若您有机会看到这种表演,定会感到惊心动魄。

达瓦孜表演通常以一段乐曲作为一个段落,也可连续表演,时间不限。人在高空走绳,地下载歌载舞,唢呐、达卜鼓和热瓦甫等民族乐器演奏着维吾尔传统《十二木卡姆》,维吾尔少女翩翩起舞。达瓦孜表演者伴随着节奏变化的音乐表演复杂的高难动作,空中地面相辅相成,浑然一体。

达瓦孜以家族世传方式代代相传。在达瓦孜艺人中,阿西木家族就有 200 多年的达瓦孜传承史。一代宗师阿西木·阿吉的传人、著名艺术家司迪克·阿西木,于 1953 年 11 月在天津举行的全国民族体育表演暨竞赛大会上,以其精湛的达瓦孜表演轰动全场。特别值得一提的是,青年达瓦孜传人的杰出代表阿迪力·吾守尔 5 次打破吉尼斯世界纪录,书写了达瓦孜史上光辉灿烂的新篇章,被人们誉为"高空王子"。

达瓦孜表演在历届全国少数民族传统体育运动会上,都以其极高难度的技巧、独特的风格和浓郁的民族特色,屡获嘉奖。

赛马

赛马是维吾尔、哈萨克、柯尔克孜、蒙古和塔吉克等民族非常喜爱的一项马上运动,多在婚礼和重要节庆日举行。尤其是世代生活在天山和阿尔泰山脚下草原上的哈萨克牧民,更是酷爱赛马运动。其竞赛技艺之高超,令人叹为观止。在哈萨克人中,马被誉为"男人的翅膀"。

不论男女，很小就开始马背生活，并逐渐成为熟练的骑手，能在马背上站立、盘旋舞蹈、俯身拾取地上的东西，而纵马疾驰则人人皆能。

哈萨克等民族赛马源远流长，具有广泛的群众性。盛大节庆时多举行赛马大会，届时，身着盛装的牧民从四面八方涌向赛马场。历史上大型赛马活动大多由部落头领举办，规模视部落大小和牲畜数量多少而定。小规模的赛马一般几十匹马，大规模的二三百匹，场面甚是气派。获胜者可得到牛羊的奖励。举行赛马前，一般都要提前公布比赛的时间和地点。参加赛马比赛的马匹要在两三个月之前就开始进行特别驯养。哈萨克人认为，能否夺魁，关键在于驯养马匹的技巧。

传统赛马有跑马和走马两种，赛程一般为20—30公里。骑手一般都是15岁以下的少年。马鞍很轻巧，马鬃马尾用各种颜色的布条辫起来，作为识别的标志。比赛开始，裁判一声令下，只见骑手们扬鞭催马，风驰电掣，如离弦飞箭射向终点！赛场四周的观众欢呼雀跃，呐喊助威。呼喊声和冬不拉急骤的琴声混成一片，气氛十分热烈。最后，优胜的选手获得奖赏，夺冠的骏马被誉为"拜盖阿特"（好马），大受赞扬，更留下美名，诸如千里马、枣骝马、铁青马、菊花青、天鹅白、蛟龙黑和追风驹等。真可谓"有了好骑手，骏马生双翼"。特别是参加过全国赛马会的马，其名字就是哈萨克人的骄傲。乘骑和训练过这匹名马的牧人，则被誉为草原上的"伯乐"。

　　一排飞箭射出去了
　　脚下是云天
　　还是草地？
　　哒哒哒哒
　　哒哒哒哒
　　滚过暴风激怒的骤雨

精彩有趣的民间娱乐活动

快乐的赛马人

马鬃抖开退却的穹苍
世界,就在马背上
马尾扬着飞舞的拂尘
扫着静得发森的庙宇
所有的心
都炸开蹄花
无论是老人,还是少女
追上去!追上去!
呐喊,助威
多么好听的声音呵
进取,才是生命的含义
……
不是一个自信的民族

赛马

怎会把优劣交给竞争?
不是一群骄傲的生命
怎会不肯平分荣誉?

曾在新疆长期生活过的著名诗人杨牧如此写出了赛马的风采和神韵,写出了哈萨克等民族剽悍、进取的性格。

如今,在伊犁草原上,赛马这种民族传统体育活动有了很大的发展,更成了一项最引人注目的项目。新疆每年都要举行赛马大会,不仅政府举办,民间也自行举办。在传统速度赛马的基础上,又增添了许多新项目:障碍赛马、越野赛马、马球和盛装舞步等。新疆的骑手在全国赛马比赛中多次取得优秀成绩,至今仍保持着10000米和15000米速度赛马的全国纪录。

摔跤

河流冲积而成的沙岸上,
主事者摆开了摔跤场。

精彩有趣的民间娱乐活动

摔跤

人们心怀共同的愿望，
齐把勇武和力量崇尚。
四方聚来灵捷的力士，
搂腰抱腿相较量。
较力较技较速度，
如同肉搏在战场。
摔倒一个又一个，
力士称雄不相让。
最喜两强来相持，
一对雄狮战沙岗。
……
耆老、首领和族长，
旁观围坐花毯上。
不论谁把谁摔倒，

135

巴尔卡拉！⑨

叙事诗《白头巾的神女》如此描述了维吾尔人民开展摔跤竞赛的生动神采。新疆各民族素有崇尚勇武的习俗，古时候嫁女择婿时也常将是否勇敢和是否善于摔跤作为条件之一。近代以来，新疆出过许多著名的大力士，最为人们称道的要数19世纪末的阿图什人赫义德，据说他无论在家乡还是外地，从未遇到过对手。

摔跤是新疆维吾尔、哈萨克、回、蒙古、柯尔克孜、塔吉克、乌孜别克和塔塔尔等民族共同喜爱的具有悠久历史的传统体育项目，多在节日、婚礼、割礼、农闲、聚会或巴扎日时举行摔跤比赛。这既是一种庆祝形式，也给了大力士们较量技艺、展现英雄气概的大好机会。

新疆的摔跤形式多种多样，除国际式摔跤和中国式摔跤外，各地区和各民族还有独具特色的摔跤形式，主要代表有维吾尔式摔跤（维吾尔人称为"且力西"）。单是维吾尔摔跤就有喀什式和吐鲁番式两种，技术动作形式主要有抓腰带、抱腿、抱腰、缠腿和抓腿带等。哈萨克式摔跤（哈萨克人称为"库热斯"），参赛者不分体重，一跤定胜负。还有一种是将双腿套进麻袋里，用上肢的力量和技巧进行摔跤。蒙古式摔跤（蒙古人称为"搏克"），古老庄重，入场方式独特——摔跤手穿上摔跤衣，跳着狮子舞步跃入赛场。

摔跤是新疆普及程度最高的传统体育项目，涌现出许多优秀的摔跤名将，在国内和国际比赛中获得了不少奖牌。在2011年9月举办的第9届全国少数民族运动会上，来自新疆和田的图送麦麦提、图送托乎提和肉孜托乎提三兄弟格外引人关注。他们在摔跤场上大显身手，拿到了2个一等奖和1个二等奖，成为新疆摔跤队的大功臣。

---

⑨ 巴尔卡拉：表示祝贺、赞扬。

精彩有趣的民间娱乐活动

民族式摔跤

除各级正式比赛外，民间比赛也十分频繁。摔跤场地简单，选一块平整软草地或沙地，观众围坐成圆圈即为摔跤场。不论是在劳动的田间地头、放牧的树林山岗，还是集市、学校，到处都可以开设临时摔跤场，甚至家庭院落里都有摔跤活动。人们用它活跃文化生活，锻炼身体，娱乐身心。

叼羊

从年轻人当中，选出骑马的能手。
将宰杀的小山羊，当众放在赛场中。
使快马奔跑起来，俯身抢起羊羔。
众骑手蜂拥而至，就在马上激烈争夺。

挣脱众人的追赶，跑向预定的终点。

羊羔不被别人夺去，那就是你的战利品。

这是诞生于11世纪的柯尔克孜史诗《玛纳斯》对叼羊活动的描写。

叼羊是哈萨克、柯尔克孜、塔吉克和维吾尔等民族共同喜爱的历史悠久的传统马上体育活动，维吾尔语称"奥各拉克塔尔提西"。"奥各拉克"意为"山羊羔"，"塔尔提西"意为"抢夺"。各民族多在逢年过节或婚嫁等重大喜事时举行叼羊活动以增强喜庆气氛。广大农牧民，不论男女老少，都会身穿节日盛装，喜气洋洋地来观看比赛。

哈萨克人有句谚语："摔跤见力气，叼羊见勇气。"可见，叼羊是一项勇敢者的运动。在新疆，叼羊是深受各民族青壮年青睐的扣人心弦的娱乐项目，可以充分展示男子汉的雄风。叼羊的优胜者往往是放牧的能手。在暴风雪中寻找失散的牲畜，他们能把百十斤重的羊只俯身提上马来，驮回畜群，受到人们尊敬，被誉为"草原上的雄鹰"。

叼羊是一种对抗性强、争夺激烈的马上运动。骑手不仅要具有娴熟的马上功夫，还要与一匹训练有素的骏马相配合。骑手还要具备健壮的体魄、强大的驾驭力和动作的柔韧性、灵活性。因此，参加叼羊比赛的骑手，平时就十分重视马上基本功的训练，比赛时都会带着自

叼羊

己多年精心驯养的"千里马"或"乌龙驹",驰骋草原,顽强拼搏。

叼羊比赛一般分3种形式。第一种是分组赛。10人左右为一组,

叼羊比赛

两队骑手急驰而奔,追赶抢夺,以最后把羊放到指定地点的那个组为胜。第二种形式是两人单比。经过两人奋力在马上拉扯争抢,谁最后夺到羊,谁就是胜者。第三种形式是群叼。多人策马争夺,各显身手,以最后夺得羊并放到指定地点者为胜。

叼羊一般在开阔平坦的草地上举行。叼羊开始之前,宰杀预先准备好的山羊,割去羊头和羊蹄,扎紧食道口,有的地区还将内脏掏空,在盐水中浸泡一两个小时。据说这样山羊的皮肉会更加结实。比赛开始时,主持人将羊抛至草原或选定的广场中,骑手们跃马扬鞭,像离弦的箭一样冲向山羊。抢先者俯身将羊拾起后压放在镫索或大腿之下,策马而驰,其他骑手则群起追赶抢夺。持羊疾驰的骑手一旦被别的骑手追上,双方即在马背上展开争夺战。这时,马匹左盘右旋不住地转圈子,骑手也激奋难抑,使出浑身解数,观众不住地呐喊助威。一会儿,众骑手挤作一团,你争我抢。有欲冲进人群夺羊的,有想突出重围远走的,有的则千方百计阻挡其他人出入。马群忽而向东,忽而向西,四蹄翻飞,激起尘埃,隆隆声震如雷鸣。场内高潮迭起,场外群情沸腾,那种紧张激烈的情景令人振奋!这样激烈的角逐持续一个多小时之后,便有骑手因自己精疲力竭而气喘吁吁,或因坐骑汗水淋淋、力

叼羊

不能支而落伍,他们自动退出角逐。不退场的也大多人累马乏,终于让人强马壮、人马配合默契者突出重围,甩掉追逐者。最后,谁把羊抢到手并扔到事先规定的地点,或把羊扔到村中具有一定号召力、有能力举办叼羊活动的某一殷实人家的庭院里,就算胜利。叼羊活动也宣告结束。

  叼羊也讲究战术配合和角色分工。若分队比赛,既需个人娴熟的技巧,又要集体的密切配合。每队都有人群抢夺、掩护驮遁和追赶阻挡等分工。马匹健壮、人亦强壮者突入抢羊,其他人则掩护出围,阻挡追赶。一旦夺得羊羔,其他同伴有的前拽缰绳,有的后抽马背,前拉后推,左右护卫,才能冲出重围。

  塔吉克人的牦牛叼羊也很有趣。它是生活在海拔4000米左右的帕米尔高原上的塔吉克人特有的一种体育竞技项目。

  尘土飞扬,蔽日盖天,牛角相碰,铿锵作响。50头牦牛与主人身影交错，牦牛和牦牛相互冲撞，骑手和骑手相互争夺。那白色的羊忽而在空中飞起，忽而落入前方的地面，忽而淹没在骑手们中间。赛场上回荡着骑手们的吆喝声。

牦牛叼羊源于民间的自由活动，对比赛场地大小没有具体规定，只要求是一块平坦的草地，在草场东西相距100米的位置上，分别挖两个直径60多厘米、深50多厘米的坑。选手只要把抢到的山羊扔进对方的坑里，就算获胜。牦牛脾气倔犟、性情暴烈，难以驯服，但塔吉克人却敢骑在它背上以叼羊为乐，展开较量，可见他们的骁勇和胆量。当银须飘动的长者宣布比赛开始后，场上的牦牛便在主人的驱赶下奔向山羊，展开争夺。比赛精彩而激烈，骑士们将鞭子衔在嘴里，双脚紧紧夹着牦牛肚子，一只手抓住缰绳，另一只手如鹰爪般地死死抓住山羊腿，互相用力撕扯，试图冲出包围圈。除骑手外，牦牛也毫不示弱地参与战斗，它们像坦克一样狂奔，用长而尖的角互相顶撞，为主人助力。那白色的羊忽而在空中飞起，忽而落入前方的地面，忽而淹没在骑手们中间。赛场上回荡着骑手们的吆喝声。骑牦牛叼羊与骑马叼羊不同，骑马叼羊要拼速度，而骑牦牛叼羊主要靠胆量。骑手们时常会因激烈的碰撞而从牛背上摔落。这种激烈的流动战场不仅使选手个个汗流满面，也使观众处在兴奋之中，既怕看不到精彩的争夺场面，又担心选手被牦牛撞伤。

牦牛叼羊比赛中的胜者是塔吉克人心目中身披着太阳光辉般的英雄。塔吉克男孩从小就梦想着能成为叼羊手，因为叼羊手一直都是勇敢的象征，族人和亲人也会为自己成为叼羊手而骄傲。

赛骆驼

赛骆驼是新疆维吾尔、哈萨克、蒙古、柯尔克孜等民族群众喜爱的一项传统体育活动，多在重要节日庆典时举行。因其既能锻炼骑术，又具有趣味性，深受牧民们喜爱。许多牧民家的孩子，从小就学会了骑骆驼，十几岁时就成了赛骆驼的好手。

赛骆驼早先在广阔的野外进行，赛程随机而定，最先跑过终点者即为胜者。现代赛骆驼依照赛马的规则进行场地比赛，参赛者不受年龄限制，男女均可参加。参赛骆驼要经过驯养和严格训练。骑手在赛前半个月开始"吊"驼，少喂水，喂含蛋白质的精料，以至备战。

比赛时，选手们身着艳丽的服装骑在驼背上，在起跑线排成一行。裁判员发令后，众骑手挥鞭驱驰骆驼疾跑。儿童参加比赛，多挑选两三岁的小骆驼。别看骆驼形体笨拙，一旦奔跑起来却是疾如飞马，引人入胜。赛后按到达终点的顺序绕着象征时运的火堆小步跑三圈，使骆驼平喘。绕火小跑意在尊崇和鸣谢火神的护佑。接着要向火祭酒，并从跑第一名的骆驼开始，献祝颂辞。

赛骆驼十分有趣。平时，骆驼奔走的方向都是由人牵着鼻子操纵的，而在比赛时，却套上了笼头，带上了缰绳。若不经过训练，骆驼对这个新工具是不能适应的，因而在跑的时候常常会偏离方向，冲出跑道，急得选手满头大汗、手忙脚乱。看到骆驼的"幽默"表现，场边观众会发出阵阵笑声。

新疆各地每年都开展赛骆驼比赛。每年的蒙古族传统盛会"那达慕"，赛骆驼是必不可少的项目。1985年，在首届新疆少数民族传统体育运动会上，赛骆驼被列为比赛项目。近年来，随着旅游业的兴盛，民间的赛骆驼也与旅游结合起来，给游客们带来了新的乐趣。

射箭

射箭是新疆锡伯群众喜爱的一项体育活动，已有1000多年的历史。锡伯人聚居的察布查尔锡伯自治县素有"射箭之乡"的美誉，村村有射箭场，家家有弓箭，曾涌现出许多射箭能手。"锡伯族弓箭制作技艺"和"锡伯族射箭运动"分别被列为国家级和自治区级非物质文化遗产项目而得以保护和传承。察布查尔锡伯自治县现有一个射箭队和射箭运动学校,多年来,为中国输送了许多优秀的锡伯族射箭运动员。在国内外的许多射箭比赛中,锡伯族射箭名将汝光、郭梅珍、巴永善和薛海峰等曾多次获得冠军,为祖国和家乡争得了荣誉。

锡伯男儿从小就拉弓射箭,并十分注意臂力的训练。按锡伯人的传统习惯,如果生了男孩,父辈要给他添一把小弓和一支小箭,并用红丝绳悬挂在门口,祝愿孩子长大后弓马娴熟,成为能骑善射的好汉。锡伯青年男女在社交中以弓箭结缘。小伙子向姑娘求爱,要以高超的射箭技艺赢得姑娘的芳心。如果姑娘看中了哪个小伙子,就主动同他一道拉弓射箭,以此沟通情感,结为良缘。当一名神射手是至高无上的光荣,会受到众人的格外敬重。

2012年8月,"中国箭乡·锡伯家园"第二届全国传统弓射箭比赛在察布查尔锡伯自治县举行,来自北京、青海、内蒙古和浙江等省区市及新疆各地州市和察布查尔县的21支代表队参加了比赛。察布查尔县民间弓匠为本次活动制作了一把长约3.4米的射程最远的"中华至尊弓"。

练习射箭的锡伯青年

荡秋千

阿依乔鲁克时代，姑娘小伙子来相聚，圆月撒下遍地银辉，绳子拴在白杨树上，齐把秋千飘荡。目光对视中相互爱慕，悄悄把定情礼物送递。礼物包在素帕里，有张字条看仔细，上面写的是"终生不渝"。

柯尔克孜著名史诗《玛纳斯》对荡秋千的描述如此生动。

荡秋千是新疆维吾尔、哈萨克、柯尔克孜、塔吉克和锡伯等民族具有悠久历史的传统体育项目。《突厥语大词典》中记载："秋千——姑娘们玩耍的游戏名称。绳索的两端拴在木架或屋檐上，中间坐一位姑娘，脚蹬地面悠荡，时而升高时而下落。"

荡秋千深受青年男女和少年儿童喜爱。庭院里的葡萄棚架上，果园或街巷里粗壮的树枝上，以及野外山坡上的松树枝杈上，都可拴绳索做成秋千。荡秋千一般由两位姑娘或一位姑娘和一位小伙子相互配合悠荡，也可单人悠荡。青年男女边荡秋千边唱歌曲，极有情致。高手可玩出地上拾物、空中咬树叶、倒挂金钟等花样，有的还能做出两人空中换位等高难动作。

从1982年举办的第二届全国少数民族传统体育运动会开始，这项深受新

荡秋千

疆各民族喜爱的活动便被列为参赛项目。现在，秋千比赛分荡高和触铃两种。荡高是以荡的高度来分胜负，触铃是以碰响悬挂在一定高度的铃的次数来决雌雄。比赛有团体赛、双人赛和个人赛。新疆队在历届全国少数民族运动会上取得了多枚金、银、铜奖牌。

沙哈尔地

沙哈尔地，维吾尔语又称"恰克皮来克"，汉语称"空中转轮"，是由秋千演变发展而成的，流行于新疆南部地区，是深受维吾尔群众

沙哈尔地

喜爱的民间传统体育项目。早在13世纪的维吾尔古典叙事长诗《优素福—阿合麦特》就有记载，王子优素福和阿合麦特兄弟二人因与其叔父布格拉汗发生冲突，被迫远走他乡。为了吸引当地的农牧民来投奔自己，他们架起空中转轮，供众农牧民玩耍，并伴以鼓乐。

每逢节庆之日或农闲，维吾尔人就举办这一活动，往往要延续数日甚至十几日。沙哈尔地由主轴、木轮和轮杆用绳索连接而成。主轴直竖地面，高15—20米，轮杆套在轴底部，主轮顶端装有木轮，木轮与主轴底部的轮杆用绳索连接，以便推动轮杆时带动木轮。木轮两侧各系有两根长绳，两绳末端以一木板相连而成的秋千上可站1人。表演时，轮杆两侧各有4名青年男子共同按照顺时针方向推动轮杆，使木轮转动，带动绳端秋千上的人旋转，木轮的旋转加速度可使手握秋千索的两名"飞行者"飞离地面。随着木轮旋转速度的加快，"飞行者"身体离地面越来越高，在空中旋转飞行。与此同时，奔放的热瓦甫、欢快的达卜鼓及悠扬的唢呐声伴着空中飞人游荡云天，别有一番风采。

姑娘追

你骑上枣红马奔过牧场，
我骑上雪青马紧追你身旁。
你的马儿比鸟快啊，
却追不上心爱的姑娘。
我输了，请举起皮鞭任你抽打，
热流会暖遍我心房。
哟！怎么高举的鞭子轻轻落下，
这缠绵的鞭子直使我留恋难忘。

这首民歌生动描绘了哈萨克青年男女在姑娘追活动中的绵绵情意。

姑娘追，哈萨克语称"克孜库娃"，是哈萨克青年男女喜爱的一种马上娱乐活动，也是青年男女表达爱慕之情的一种独特方式。

相传，在很久以前，两个哈萨克部落头人结成了儿女亲家。男方部落的人在迎亲时，大夸新郎本领高，骑上飞马能四蹄腾空。女方部落的人听了心中不悦，也夸新娘美如天仙，性情温顺，骑上神驹宝马如风似电。双方各夸各的，互不相让。此时，女方部落有人提议：让姑娘骑上马跑，小伙子骑马追，若能把姑娘追上，就把姑娘交给你们；若追不上，姑娘改日再过门。这时，大家的目光都投向姑娘和小伙子。一直站在一旁的姑娘悄悄向小伙子使了个眼色，二人便一齐跨上马，开始了比赛。姑娘在前策马奔跑，小伙子在后紧紧追赶。姑娘因对小伙子早有好感，于是勒缰放慢速度，故意让小伙子追上，借机进行交流和沟通。返回时，姑娘提出让小伙子在前面跑，自己在后面追赶，结果把"追姑娘"变成了"姑娘追"。从此以后，姑娘追便在哈萨克人中间广泛传播开来。

姑娘追一般在水草丰茂、牲畜肥壮的夏秋草原上举行，参加的人大都是乘骑相邀的男女青年。活动开始前，小伙子和姑娘各自物色好对象，并规定好折返点的距离，一般为2—3公里。活动开始后，成双成对的男女青年并辔慢行，小伙子可向姑娘任意笑谑或求爱，姑娘只能默默倾听，不能生气。返程时，小伙子在前面策马急驰，姑娘则在后挥鞭追打。姑娘若追上小伙子，可任意鞭打，有时还将帽子抽落在地，惹得观众一阵哄笑。如果姑娘对小伙子有情，则会鞭下留情——只见鞭子在小伙子头顶旋舞，却不见鞭梢落身，或者姑娘故意将鞭子抽打在小伙子坐马的屁股上。

如今，姑娘追已不再局限于青年男女，它以表演项目的方式传承下来，成为深受哈萨克人和各地游客欢迎的一个表演节目。有时，热情好客的哈萨克姑娘也会邀请远道而来的游客共同参加这种马上娱乐活动，让他们领略不一样的风情。

马上摔跤

马上摔跤亦称马上角力,是哈萨克和柯尔克孜等民族的传统马上运动项目。每逢节假日或喜庆之事,剽悍骁勇的骑手们云集在一起,在宽阔平坦的草原上摆开阵式。相传,该运动源于古代作战时马上擒拿敌人,至今仍受人们喜爱。比赛开始前,要将马鞍牢固绑扎,并将马尾束扎起来弯卷在鞍后。比赛开始时,两名头束红色和绿色头带的选手,同时从相距一二百米的地方策马奔向对方。当两马相遇时,角力便开始了。比赛中,一方选手凭借手臂之力将对手拽落马下或抱到自己马上,即算胜利,获胜选手可得到奖品。比赛时,只能抓握对方的手或臂部,不允许抓握其他部位或衣服、马鞍,否则视为犯规。马上角力是比力量、比智慧的竞赛,摔跤手不仅要有力量,而且要和自己的坐骑配合默契。马上角力采取打擂台的方式,一人败阵,另一人上来。有的优秀选手在马背上犹如在平地上灵活自如,连胜数人以至十几人也不被对手摔下马,但更多的时候却是棋逢对手难分胜负。观众都希望本部落的选手获胜,不时地为选手呐喊助威,使比赛的气氛热烈而又紧张。一场精彩的比赛过后,选手们个个汗流浃背,而那骏马也像被雨淋过似的。

飞马拾银

飞马拾银是哈萨克、柯尔克孜和塔吉克等民族锻炼年轻人马上技巧的传统体育活动。活动开始前,平坦的草原上已事先放好了许多用红布或绿布包裹好的银元。活动开始后,骑手们如离弦之箭飞奔出去,经过放银元处时侧身将其拾起。为了考验年轻骑手们的马上本领,有时会将银元埋起来,只露出布的一角;有时会设置横杆作为障碍,让骑手们飞马越过横杆后,再俯下身子拾起银元。无论参赛者是谁,只要飞马拾到地上的银元,那银元就归他所有了。比赛期间,谁捡拾的元宝数量最多,谁就是赢家。后来,飞马拾元宝逐渐演变为"飞马拾

飞马拾物

手绢",在手绢中包上钱等物品,谁拾到就归谁。有些姑娘还故意把自己的绣花手绢丢在地上,让意中人去拾。

帕卜孜

帕卜孜类似于现代的曲棍球,是维吾尔人具有悠久历史的传统体育项目,在南疆地区的农民和青少年中很盛行,多在农闲时开展,也是每年诺鲁孜节的一项娱乐活动。

帕卜孜球大小似苹果,由杏木等硬木制成,这种木质的帕卜孜球也叫"夏克夏克"(维吾尔语,意为快速运动之物),也有用普通粗线缠绕制成的线球。此项运动对场地器材要求不同,农民多在农闲或节假日开展。比赛在人数对等的两队间进行,每队一般7—9人。比赛场地大小因人数或地形而定。双方先在场地两端画条底线,两端点处任放两个物件作为大门,在场地中央画个直径约20厘米的小圆圈,作为争球、发球圈。双方队员各持长约80厘米,一端弯曲15—20厘米的帕卜孜球棍。比赛时,将用硬木制成的椭球形的帕卜孜球放在场地中央的小圈内,双方代表争球。球打出圈外后,双方队员持棍争抢,将球运向对方大门。孰胜孰败,以攻球入门多少而论。若得分相等,可延长比赛时间。比赛时,队员不得以身体挡球,不得击打对方队员身体的任何部位;击球时,球棍举起的高度不得超过腰部。这种运动活动量大,对抗性强,很有趣味。

帕卜孜

花样繁多的民间娱乐活动

斗羊

斗羊是维吾尔人喜闻乐见、具有悠久历史的传统娱乐活动。斗羊不分季节,而冬季较多,因为这个季节农家闲暇时间充裕,羊也体壮有力。

《突厥语大词典》对斗羊有这样的记载:"扎克—扎克,加克—加克,都是令公羊抵斗的唆使语","驯养斗羊,使其抵斗"。喜欢斗羊的人,平时就有意选择外观雄壮、力大、有犄角而善斗的公羊加以精心驯养。活动开始,裁判员发出吆喝和手势后,两只趾高气扬的斗羊从主人手中跑出，向对方冲去，羊头相撞。被激怒的斗羊进行一次猛烈抵撞后，退几步继续前冲抵撞。如此数番，直至其中的一只怯阵败逃、舔身摇首或后退不前，胜负即分。一般连战连胜3场，可以获得奖品。有时也采取淘汰赛的办法选出两只羊进行决斗，胜者给予奖励。如果两只羊势均力敌，两位羊主就握手言和，结束斗局。斗羊有一个奇怪而有趣的现象：只要一只羊做出上述怯败动作，胜羊绝不穷追，不再寻斗。

斗羊活动经常在喜庆日的聚会场所举行，在南疆的克孜勒苏柯尔克孜自治州和喀什、和田、阿克苏等地区较多。那里的人们不分老幼，都喜欢观看这项活动。

斗鸡、斗狗在新疆民间也很普及，其趣味性强，具有娱乐身心、活跃文化生活的作用，在喀什、和田、阿克苏、伊犁和吐鲁番等地区很盛行。每逢节假日，人们经常举办斗羊、斗鸡、斗狗比赛，增加娱乐气氛。在2012年举办的第7届新疆少数民族传统体育运动会上，

斗羊

就有来自民间的斗羊、斗狗、斗鸡表演。

那达慕大会

那达慕大会是蒙古族传统的娱乐活动,"那达慕"意为"娱乐"或"游戏"。它源于旧时祭祀、庆典活动,相沿成习,成为流传后世、承传不绝的民族盛典。如今,它已成为新疆蒙古人一年一度的草原盛会。

那达慕是蒙古人民心中的一首歌,是具有鲜明民族特色和浓郁地区特点的传统文化体育娱乐活动。如今每年的7、8月间,草原上百花争艳、牛肥马壮的黄金时节,风景如画的赛里木湖畔、巴音布鲁克草原、和布克赛尔草原等地都要举行为期3天到一周的那达慕大会。大型那达慕大会一般有数万人参加。届时,身着五颜六色民族盛装的蒙古农牧民携家带眷,纷纷乘车、骑马从四面八方聚集草原参加盛会,尽情享受节日的快乐。此时,素日宁静的草原彩旗飘扬、人欢马叫、热闹非凡,到处洋溢着浓郁的节日气氛。

欢腾的那达慕大会

那达慕大会以赛马、摔跤、射箭为主要内容,胜者可获得丰厚奖品。在所有活动中,最激动人心的是赛马。现在蒙古人聚居的巴音郭楞蒙古自治州、博尔塔拉蒙古自治州、和布克赛尔蒙古自治县都将那达慕大会作为本地的旅游文化节。如今的那达慕大会上,竞技活动只是一个音符,旅游观光、物资交流、经贸协作洽谈、农副产品展示、草原美食品尝、文艺演出……组成了现代那达慕精彩纷呈的壮美场面。人们置身于人欢马跃、商贸交流的海洋,不仅可以领略浓郁的牧区风情,更可以感受到新时期草原脉搏的律动。

游艺会

游艺会多在春暖花开或果瓜成熟的季节举行。人们邀集亲朋好友,到风景优美的果园去游玩和唱歌跳舞。维吾尔人在不同的季节举行不同的游艺会。每年的5月份,即春耕之后,人们利用劳动间隙,要举行玫瑰游艺会;桑椹、杏子等水果成熟和小麦抽穗的时节也要举行游艺会;夏季作物收割完毕,冬播之前,即甜瓜成熟的时节,要举行甜

游艺会

游艺会

瓜游艺会。游艺会期间，人们穿上漂亮的衣服，带上美味的食品，尽情地游玩。游艺会在南疆维吾尔人中广泛流传，是劳动人民憩息和联欢的一种形式。现在，有不少人把餐厅开到了果园里，人们不仅能吃到美味的菜肴，还可以品尝到桑葚、杏子、桃子、葡萄、甜瓜、西瓜等水果。

投雪笺

投雪笺，维吾尔语称"喀尔勒克塔西拉西"，是维吾尔人和乌孜别克人在每年瑞雪初降时举行的娱乐活动。当白雪初降时，几个朋友经过商量，联名写封雪礼信。信中除了开头对第一场雪的赞美和对收信人全家的祝福外，主要内容是要求收信者按传统习惯举行一次娱乐晚会，并对晚会活动提出要求。雪礼信中写道：

初雪之日投雪笺，
掀开了游戏的首篇。
乘着这瑞雪带来的喜悦之情，
我向你投下这封雪笺。

愿你机警敏捷，
把投雪笺的人捉住；
给他涂上黑脸蛋，
送到我们面前来。

假如捉拿不住，
就请如期践约；
到那庆贺的日子，
门前把我们迎接。

如果你舍得破费，
可以用丰盛的宴席请我们；
如果手头不富裕，
备头洋葱也无妨。

然后，请其中一人将雪礼信直接送至收信人家中。送信人要悄悄把信放在主人不易发现的地方。在送信人离开之前，如果主人没有发现，就要按信上的要求举行雪礼晚会。如果送信人被当场抓住，晚会就由写信人举办。这种游戏多在小伙子中间举行，不过姑娘也不放弃参加这种游戏的机会。人们开展这种游戏，一方面是为了解除一年辛勤耕耘之后的疲惫和烦闷，另一方面，在大雪纷纷扬扬的冬天，寄希望于来年，祈愿来年万事吉祥、称心如意。

碰鸡蛋

鸡蛋是我们熟悉的食品，是餐桌上不可缺少的佳肴。您知道吗？在新疆，鸡蛋还有一种特殊功能——娱乐工具。

每逢家里来了客人，维吾尔农民都要煮鸡蛋招待，端出一大盘煮熟的红皮鸡蛋放在客人面前的餐布上。吃鸡蛋之前，大家互相碰鸡蛋助兴。鸡蛋碰鸡蛋，谁也想不到哪个会裂，一切都是未知。也许正是因为如此，只要面前有鸡蛋，许多人都爱玩碰鸡蛋。

通常，两人各拿一个煮熟的鸡蛋，被击者将鸡蛋紧握于掌心中，虎口向上露出鸡蛋的小的一端待击，碰击者以握笔姿势抓紧鸡蛋，同样用鸡蛋小的一端碰击对方的鸡蛋。游戏进行时，被击者的鸡蛋不能移位或摇晃。如鸡蛋被击破，就换另一端继续进行，鸡蛋两端都被击破者算输。一个人的鸡蛋被碰破，再换一个人，最终以击破鸡蛋数量最多的鸡蛋的拥有者为赢家。碰鸡蛋游戏中，主动出击者往往占优势，攥紧自己的，盯牢对方的，猛力撞去，一下成功。

在南疆维吾尔人聚居的区域，传统的碰鸡蛋游戏曾在巴扎上随处可见。几个人凑在一起，讲好了愿赌服输，用自己的鸡蛋一端去碰别人的鸡蛋。谁的鸡蛋裂了，谁就输了，输者就把自己的鸡蛋送给赢的一方。赢了的自然兴高采烈地捧着鸡蛋回家，输了的也不气恼，下次还来。如今巴扎上很少能看见碰鸡蛋的场面，碰鸡蛋游戏已成为南疆维吾尔群众在家待客助兴的一种方式。

阔西玛克阿达西

阔西玛克阿达西（"阔西玛克"意为双胞胎或孪生，"阿达西"意为朋友）是在维吾尔人中广泛流传的一种传统游戏，多在十分熟悉、关系不错的朋友中进行，也常在家人之间进行。游戏方法是：找一个杏核或巴旦木中的双仁，游戏双方各吃一枚，同时约定一个时间；双方在约定的时间内，谁先说出"阔西玛克阿达西"这句话，谁就是胜者。在时间上，可以约定第二天清晨或一周、一个月或几个月之后的某天见面时说"阔西玛克阿达西"，其目的是考验对方，同时也是为了麻痹对方。到了约定的时间，趁对方不备时，出其不意地说出那句话，即可轻易取胜。这种看似简单的游戏寓意两个朋友的关系就像能容在一个杏核里的双仁一样密切。

无论男女都玩这种游戏，不受年龄限制。在游戏之前，双方要讲好输赢的条件，如赢者要得到一件纪念品或礼物，或是输者要请赢者、证人或是朋友吃饭，等等。这种游戏可以培养人们的灵敏、机智的品质，同时还可以增进双方的友谊和增添生活的乐趣。

益智健身的儿童游戏

阿克铁来克—阔克铁来克

阿克铁来克—阔克铁来克是深受维吾尔和柯尔克孜儿童喜爱的一种游戏，汉语意思为"白杨—青杨"。过去，维吾尔儿童汇聚在一起，常常玩此游戏。

此游戏多在月明之夜进行，不受场地、季节和人数的限制，对锻炼奔跑和快速反应能力很有裨益。游戏开始时，参加者分成两队，手挽手面对面地分别站在两边，两队相距20—30米，队名分别叫"白杨"和"青杨"，这一游戏由此得名。游戏开始后，白杨队队员唱道："阿克铁来克，阔克铁来克，我们中你要哪一位？"青杨队队员答道："心灵手巧，事事做得好，就要你们的×××。"被叫名字者，立即跑到青杨队前，用力拆散青杨队的队列。若把青杨队的队列拆散，就赶快拉一人到白杨队内，这样算白杨队胜。如果经过反复抢拉还拆不散，此人就只好加入青杨队。如此反复，直至某一组队员越来越少，认输为止。还有一种玩法是，被叫到名字的人从队列中跑到对方队前，随意与其中的一人击掌后立即返身向本队跑，击掌者在后面追。若在跑回本队之前被对方抓住，就成为对方的队员；若没有被抓住，则为本方增加一名队员。最后以人数多少定胜负。

打尜尜

打尜尜是新疆各民族青少年喜爱的一种传统游戏。游戏多在秋冬季玩，凉爽和寒冷的气候有利于增进青少年的御寒能力，同时，也有利于培养青少年的敏锐性和坚韧不拔的毅力。

此游戏对场地和设备要求不高，不限人数，单人对抗和多人对抗都可以。游戏所需的器材主要为两头削尖，呈纺锤状，长约 15 厘米，粗约 3 厘米的尜尜和一根击尜用的木棒。首先，在平坦、开阔的场地一边画一个直径约 50 厘米的圆，中央挖长 20—25 厘米、宽可容纳击尜棒的小沟，也可放两块砖或石头。游戏方法有两种：第一种方法，将尜尜横放于小沟上，用木棒从下面挑起击打；第二种方法，将尜尜横放在木棒顶端，使其弹起后击打。不论使用哪种方法，打出尜尜后以步测距，以累计频数的多少定胜负。攻方打尜尜时，守方人员分散在场内各处，用双手或帽子接尜尜。攻方成员打出尜尜后，将木棒放在圈上。若守方队员接住了，互换攻守。若未能接住，则从尜尜落地处由守方持尜尜瞄准圆圈向木棒投掷，尜尜落于圈内或击中木棒，亦交换攻守。若未投入圈内，也未击中木棒，则由攻方从尜尜落地处，连续击打尜尜 3 次，并用大步量出尜尜落地处到圆圈的步数，记录下来，再换另一人击打尜尜。比赛中，每人只有一次击尜权。最后，哪一方获得的步数最多，或获得事先约定的步数，即为胜者。获胜的一方，每个成员有 3 次击打尜尜权，这时对方既不能阻挡也不能用手接。胜方队员连击 3 次后，负方队员从尜尜落地处跑回圆圈，口中还要不停地喊着："瓦来伊！瓦来伊！"如间断，则胜方队员从停顿处再击一次尕尕，直到负方队员重新喊着"瓦来伊"返回圆圈为止。

卡拉—卡拉，库希拉日木

"卡拉—卡拉，库希拉日木"是新疆各族儿童喜爱的传统游戏，广泛流传于新疆各地，现在仍在农牧区少年儿童中流传。游戏的玩法类似于"老鹰捉小鸡"，可内容又不尽相同。游戏不限人数，男孩女孩可以一起玩耍。儿童们聚集到一起后，由两个年龄较大的孩子通过猜手心手背决定谁扮"妈妈"，谁扮"狼"。扮"妈妈"的孩子站在排头，其余孩子在其身后按身高排成纵队，后一个抓住前一个的衣服，形成一条人链。"狼"站在对面，"妈妈"张开双臂阻拦"狼"。此时，"妈妈"和"狼"开始对唱：

狼：喂，喂，我的好朋友，你的身后有什么？
妈妈：瞧，瞧，我身后是一群鸟。
狼：把你的鸟儿给一只！
妈妈：你有本事就来捉！
狼：我的本事哪儿去了？
妈妈：你的本事在山坡！
狼：山坡之上有什么？
妈妈：五颜六色鸟儿多！
狼：我把鸟儿捉一只！
妈妈：你有本事快来捉！

唱毕，"狼"开始追逐抓"鸟儿"，"妈妈"左闪右躲护卫身后的孩子，不让"狼"靠近和捉到。"妈妈"身后的孩子们也要协调动作，"妈妈"往哪边移动护卫，孩子们也要往哪边移动躲避。"狼"趁队伍动作不

协调时抓住最后面的一个,或人链中断时抓住其中的一个,直至最后剩下"妈妈"一人时,游戏重新开始或结束。

风情新疆

热闹非凡的巴扎

每逢巴扎日，整个新疆，从水草丰盛的伊犁河谷，到瓜果飘香的和田绿洲；从火焰山所在的吐鲁番盆地，到帕米尔脚下的喀什古城……处处呈现一派喜气洋洋的节日景象。天刚蒙蒙亮，大地就过早地醒来了。骑着毛驴的老人，赶着牛车的小伙，花枝招展的姑娘，欢蹦雀跃的娃娃，三三两两，匆匆忙忙，春潮般从四面八方涌来。成千上万赶巴扎的人们，把丰收的喜悦塞满所有的地摊、商亭、大棚……⑩

来到人流如潮、热闹非凡的巴扎，就等于跨入了风情新疆的大门，可以真正体味到浓郁的民族风俗。巴扎可谓反映维吾尔人传统文化的活态博物馆。

追寻巴扎的足迹

新疆地处丝绸之路的商道上，生活在这里的维吾尔人有着悠久的经商传统，并发展了巴扎这种新疆特有的传统贸易形式。"巴扎"（Bazaar）一词源自波斯语，意为集市、市场，过去多指各地城乡的定期集市，现在也指日常开放的市场。"巴扎贸易"有着上千年的历史，它以方便生活、交易灵活及货品丰富等特点，经久不衰。巴扎是生活在新疆的维吾尔人经济、社会交往最重要的空间，遍布新疆各地，尤其是在南疆维吾尔人聚居区，差不多每个乡镇、每个交通路口，都有巴扎。

早在大漠南北从事游牧的时期，出于生活的需要，维吾尔先民就非常重视对外贸易活动，特别是与中原汉族农业地区的贸易一直比较活跃。他们用牲畜和畜产品换取粮食、布匹、丝绸、茶叶、瓷器和铁制品等生活用品，尤其是回纥汗国时期与唐朝开展了大规模的"绢马

---

⑩ 陈淀国：《赶巴扎》，《中国民族报》2009年11月27日。

巴扎的服装市场

贸易"和"茶马贸易",每年都用马从唐朝换回丝绸、绢帛数十万匹,茶叶上百万斤。回纥人从内地换回的丝绢、茶叶及其他用品,除满足自身的需要外,一部分还转运到中亚各地销售,换回香料、珠宝等生产用品和生活资料。

公元 840 年以后建立的高昌回鹘王国和喀喇汗王朝,位于中西丝绸之路的中部要道,为更大规模地开展商业贸易活动提供了便利。高昌回鹘王国和内地的商贸往来更加频繁,回鹘商人的足迹遍及关内许多地区。据历史文献记载,高昌回鹘王国的贸易使团几乎每年都要到内地活动,以当地生产的宝刀、乳香、马匹、骆驼和琥珀等换取宋朝的绸缎、茶叶、瓷器和漆器等。喀喇汗王朝地处中西交通的枢纽,加上王朝的重商政策,商业活动十分繁荣,无论是同东方的宋、辽、西夏,还是南方、西方的印度、阿富汗、伊朗,以及西亚和东南欧等,都保持着频繁的商业往来。当时喀喇汗王朝的商人运入内地的商品主要有珠玉、珊瑚、翡翠、象牙、香料、水银、琥珀、花芯布、硇砂、金星石、龙盐、西锦、腽肭脐、马具和马、驴等,从内地运回的有金银器具、

163

绸缎、瓷器、工艺品和茶叶等。维吾尔著名长诗《福乐智慧》对当时王朝的商业活动是这样描述的："世间倘无商人奔走四方，怎能穿到紫貂皮的皮装？倘若契丹商队的路上绝了尘埃，无数的绫罗绸缎从何而来？倘无商人在世间东奔西走，谁能看到成串的宝石珍珠？"可见当时商业贸易的繁荣。

元（1206—1368）、明（1368—1644）、清（1616—1911）时期，随着维吾尔族的逐步形成和农业、手工业生产的发展，内外贸易活动更趋于成熟和经常化。维吾尔人聚居区普遍采用巴扎的方式进行商业贸易活动。叶尔羌汗国时期，叶尔羌城是维吾尔地区最大的商业城市和对外贸易中心。意大利人利玛窦在《鄂本笃访契丹记》中写道："雅儿看（即叶尔羌）为喀什噶尔国之都城，商贾如鲫，百货交汇，屹然为是方著名商场。"《西域闻见录》中也记载道：清朝时叶尔羌城的"'八栅儿'街长十里，每当会期，货若云屯，人为蜂聚。奇珍异宝，往往有之。牲畜果品，尤不可枚举"，"中国商贾山陕江浙之人不辞险远，货贩其地。而外藩之人，如安集延、退摆特、郭酣、克什米尔等处，皆来贸易"。此外，在维吾尔人集中生活的喀什噶尔、阿克苏、和田和哈密等地，商业贸易活动也非常活跃，内地各省和中亚各国的商人，都汇集到这些地方进行买卖。阿克苏"地当孔道，以故内地商贾，外番贸易，鳞集星萃，街市纷纭。每逢八栅尔会期，摩肩雨汗，货如雾拥"（《西域闻见录》卷二）。从这些文字，我们也可以想见当时巴扎上一派人头攒动、货物堆积、人声鼎沸的热闹场面。

进入近代，南疆维吾尔地区的商业贸易活动仍然比较活跃。据《新疆图志》记载，清代末年，南疆的蚕丝产量由30多万斤增加到70万斤，大部分运出作为商品进行贸易；每年生产布匹70余万匹、地毯17000余条、毛毡78000余条，许多也作为商品拿到市场去买卖。南疆的莎车、喀什和阿克苏等地都是当时重要的商业贸易中心城市，中外商人所开设的店铺林立，成为中外货物的集散地。

巴扎——绿洲生活的灵魂

　　在巴扎的怀抱里，我可以随意地闲逛，随意地穿梭于维吾尔风情中，只有维吾尔才有的特色遍地都是。食品市场，可以品尝到维吾尔人特有的风味小吃；鞋靴市场，各类手工制作的富有民族特色的鞋靴、套鞋，向你展示维吾尔人的足下风情；琳琅满目的丝绸，眼花缭乱的传统纺车纺出的土布，各种色泽花纹的土陶器皿……维吾尔男女最爱光顾的手工艺市场，简直就是民族风情的大博览，这里出售的各类手工制作的小刀、首饰、花帽和乐器都十分小巧精致。化妆品摊前永远是女人的天下。这里没有贫富贵贱，只有一双双爱美的眼睛在寻找和发现自己称心如意的物件。在这里，外地的游客甚至可以看到新鲜的乌斯曼[11]草，这种维吾尔女人用来染眉毛，使眉长得浓密美丽的植物。[12]

　　巴扎是反映维吾尔传统生产方式的重要载体，也是传承民族文化、接触异质文化的重要场所。要想真正了解维吾尔人，就应该去乡村的巴扎逛逛。只有在巴扎里与千千万万个维吾尔人一同逛、一同行走，才能真正体味到这个民族的底蕴和流传千古的习俗风貌。

　　维吾尔人聚居的南疆，每个县都有几个到十几个巴扎，一般乡村中可一日往返的路程之内（以畜力车行程计算）都有一个固定的巴扎。差不多每一个交通路口和乡镇或当地的政治、经济、文化中心都有巴扎。巴扎多数是长期历史形成的，也有的是随着当地商品经济的发展或行政区域的建设而逐渐形成的。巴扎多以其经营内容、开集日期和地点特征命名。改革开放以后，各地许多巴扎被冠以"香港巴扎"的美誉。

　　为了便于进行交易，邻近各巴扎的开集日期一般是错开的，按星

---

[11] 乌斯曼，即奥斯曼。
[12] 《看不懂的巴扎》，http://gb.cri.cn/3601/2004/11/12/882%40357862.htm

期排列，7天为一轮，如"都先拜巴扎"（星期一巴扎）、"赛先拜巴扎"（星期二巴扎）等。从星期一巴扎到星期日巴扎，形成了一个无形的"巴扎转盘"。平时巴扎不交易，因而7天一次的巴扎能吸引很多人，大的巴扎可以吸引成千上万人。南疆一些著名的巴扎，不仅本地人、本乡人来逛，还会吸引附近的客商，每逢巴扎日都是人山人海，多的可达到二三十万人。巴扎周围各县乡维吾尔群众从几公里，甚至几十公里以外，赶着毛驴车、马车，拉上全家人赶赴巴扎，路上长长的车队蔚为壮观。若走在路上，看到有川流不息的马车、驴车、摩托车和自行车车队，那就可以判定这一天是附近乡村的巴扎日。这川流不息的车上不仅承载着一家老老少少赶巴扎的喜悦，也承载着这家巴扎日要买卖的商品。

乡村巴扎是反映当地维吾尔人生活的一面镜子，是了解和反映维吾尔人传统文化的活态博物馆。乡村巴扎交易的主体是农民，他们在巴扎上出售自己家里的农产品和手工艺品，然后买回生活必需品和生

巴扎的瓜果市场

产资料。乡村巴扎，大多以一个村庄的十字路口为中心，向四周扩展成一个巴扎区域。平日里，村道口是寂寞冷清的。然而到了巴扎日，这里的景象完全变了，寂寞冷清的气氛被一扫而光，取而代之的是热闹的人群和琳琅的物品，是声音、气味和色彩的大聚会。一周一次的巴扎日，如同惯性生活中的华彩乐章，使平静的日子突然出现了一个高潮。

巴扎上，服饰、地毯、皮具、刀具、乐器、手工艺品、百货、化妆品、干果、水果、蔬菜、农具和牲畜等，应有尽有；货柜上、板车上、地摊上、驴车上，摆着千货万品。维吾尔人常常用"巴扎上除了鸡的奶买不到，其他的都能买到"来形容巴扎上物品的丰富。巴扎上的物品，大到一头牛，小到一根缝纫针，只有想不到的，没有买不到的。

巴扎上做工精细、让人眼花缭乱的玉雕、腰刀、铜器、木器、陶瓷、首饰、帽子、服饰、地毯和艾德莱斯绸等手工艺品，散发着浓郁的民族生活气息，显示出维吾尔工匠们的聪明才智。在农村巴扎上，很多手工艺品和生产工具都是由民间传统手工业的传承者现做现卖。这些传统的小刀、铜器、坎土曼（一种铁制农具）、铧和镰刀等在叮叮当当的制作声中被传承下来了。

每逢巴扎日，方圆几十公里内的群众纷纷前来"赶巴扎"。这时，买卖人会抓住时机，在巴扎上高声叫卖自己的商品。一些农民也会把自家生产的少量瓜果、禽蛋、牲畜和手工制品之类的拿到巴扎上销售。来到人流如潮、热闹非常的巴扎，就等于跨入了风情新疆的大门。那种强烈的民风民俗，琳琅满目的土特产品，各式各样的买卖交易，构成了巴扎里一组鲜明独特的画面；而车鸣声、马叫声和人的吆喝声，则交织成一首波澜壮阔的"巴扎交响乐"。

在巴扎上，您可以亲历古代丝绸之路的贸易方式，也可以看到各种行商坐贾。巴扎上也会有许许多多既不买也不卖的人，他们只聚在一起谈天说地。对于注重亲情友谊、人际和睦的维吾尔人来说，巴扎是聚会的便利场所。与亲友相聚,是当地人热衷于逛巴扎的原因之一。在许多当地人心里,巴扎成了一种寄托,一块精神之地。

巴扎还是各类艺人云集的地方,是民族文化传统传承的有效载体,开展各种娱乐休闲活动的乐园。巴扎上不仅有达瓦孜、麦西热甫、斗羊、斗鸡、斗狗和摔跤等娱乐项目,还有说书、卖唱和各种杂耍。特别是民间艺人在巴扎的都塔尔、热瓦甫和弹布尔弹唱,演绎着维吾尔民族的古老传说和历史过程,是《艾里甫与赛乃姆》《福乐智慧》和《乌古斯可汗》等优秀传说和史诗得以流传千古、陶冶人们情操的直接途径。

斗鸡

时近中午,要卖的货物卖了,该买的东西买了,人们便开始在巴扎上找寻自己喜欢吃的东西尽情享用。很多好吃的东西,维吾尔人只有在巴扎日才能吃上,平时在家没有那么多工夫做。有些小吃也只有在巴扎日才有人出来卖。于是,那些别有风味的

斗狗

小吃摊前，便成了最热闹的地方。红彤彤的炉火，热浪袭人。一只只满满当当的大锅，有的炖着羊肉，有的煮着杂碎，有的焖着黄灿灿的抓饭，有的烙着吱吱作响的水煎包，好像整个巴扎都被这种诱人的香味和欢快的情绪紧紧包围着。忙碌了大半晌的人们，尽情地吃着、喝着、说着、笑着……从那一张张红润的笑脸，那一双双明快的眼睛，那一只只装得鼓鼓的腰包和那一阵阵无忧无虑、爽朗开怀的歌声里，您会感觉到他们对今天的珍惜和对明天的向往。

维吾尔人的商业习俗中，伊斯兰教的色彩较为浓厚，这些习俗对维吾尔巴扎商贸活动的影响较深，如做公平的买卖、不骗顾客、不缺斤短两及适当报价等。维吾尔人还特别重视开张生意，因此，对于每天第一位光临的顾客，只要物品价格不低于本钱，他们绝对不会放走顾客。他们认为，开张生意的成败直接关系到这一天生意的兴隆与否。

每一个巴扎，无论是城镇巴扎还是乡村巴扎，至少具备以下的功能和内容：商品博览会、人流和物流集散地、乡村学堂、社交场所、麦西热甫剧院、新闻与小道消息发源地、美食展示会、手艺人的舞台、毛驴音乐会、孩子们的游乐园、乞丐们的节日、恋人们的约会地……在没有报刊、广播、电视或网络等近现代通信手段并缺少图书的年代，人们在巴扎不仅可以得到自己需要的各种生产和手工业、商业信息，而且也可以得到关于人生和周围世界的各种信息和知识。从这个角度上讲，逛巴扎就是逛世界。经常逛巴扎的人，是见多识广的能人。

曾经考察过南疆巴扎的俄国人尼·维·鲍戈雅连斯基在《长城外的中国西北地区》一书中写道："巴扎是个俱乐部。在这里可以打听各种新闻，会见朋友和熟人，并成为他们的一种娱乐。"

赶巴扎是维吾尔人的一个古老而美好的习俗。生活在绿洲的维吾尔人，有一种情结始终离不开，那就是巴扎情结。无论地里的农活有多少，都阻挡不了维吾尔群众赶巴扎的步伐。每逢巴扎日，男女老幼都会穿上最好的服装，戴上最好的首饰，坐着拖拉机、赶着驴车、骑着摩托车,从四面八方的小道上汇集到大路上来,再向着巴扎的方向涌去。许多人逛巴扎,只是为了看和逛,并不出于购物和买卖的需要。他们要在巴扎逗留很久,从开市到散市不停地逛,在各个摊位前欣赏各种精美的货物,享受和摊主讨价还价的快感。巴扎就像一块磁铁,引来了男女老幼和各色各样的人,也满足他们不同的需求,甚至是对闲暇、松弛和百无聊赖的需求。您可以看到,那些平时起早贪黑、经年劳累而不得闲的农民会充分利用这一机会享受生活的乐趣。他们购买一些自己喜欢的东西,吃着风味小吃,围着杂耍的人欢笑,为他们的惊险动作高声呐喊,为一方的胜利欢呼。

绿洲的巴扎,是生活在绿洲上人们的希望,是人们的生活符号,是人们劳作之后释放紧张情绪的地方,几千年来就这样延续着,成为维吾尔人生活的一部分。随着时代的发展,古老的巴扎也注入了新的活力。今日的巴扎已成为繁荣城乡商业活动的重要手段,不断地充实

巴扎上的小吃

和更新着。巴扎，既是当地农牧副产品的集散地，是外省商品乃至进口商品的销售市场，又是当地的文化中心、交通中心、新闻信息中心及展示当地民风民俗、特产风味的广场。因此，近年来，到新疆旅游的中外客人多爱到巴扎逛游、购物，体会新疆巴扎的异域风情。

各具特色的巴扎风情

新疆的巴扎是最能感染每一位游客的地方。无论是乌鲁木齐、喀什的大巴扎，还是乡间小镇的小巴扎，欢快的维吾尔、哈萨克等民族的男女老少，琳琅满目的手工制品，以及色香诱人的美食瓜果都让人难以抗拒，那浓浓的生活气息和民族风情勾画出新疆最动人的景象。乌鲁木齐、喀什、和田、库车和伊宁等地的巴扎是新疆别具魅力的一道道风景线。

现代与传统相融：国际大巴扎

……

乌鲁木齐有个二道桥
来过的人们都说好

这里有古老西域的喧闹
这里有新疆人的欢笑
木卡姆的旋律回荡在大街小巷
叫卖声也像悦耳的歌谣

这里有英吉沙的小刀
这里有曲曼古丽的花帽
这里的抓饭包子香喷喷的烤羊肉啊

一个人吃了两个人感觉都好

这里的楼房不算太高
独特的风情一样很美妙
无论白天黑夜热闹的巴扎尔上
留下多少自在和逍遥

这首由新疆著名歌唱家夏米力演唱的旋律优美欢快的《二道桥子》，为我们展现了二道桥浓郁的民族特色和新疆地域风情。

新疆国际大巴扎坐落于乌鲁木齐市二道桥商业圈。这里过去是小商贩的聚集区，如今是集新疆文化、新疆特产、新疆民俗和新疆餐饮等于一体，集传统与现代于一身的购物娱乐场所，也是新疆面向世界的一扇窗口。

建于2003年、占地面积39888平方米、建筑面积10万平方米的新疆国际大巴扎由6个楼群组成，具有浓郁的伊斯兰建筑风格，重现了古丝绸之路的商业繁华。3000个民族手工艺品商铺、3000平方米的广场、可容纳1000人就餐的民族宴会厅、80米高的新疆第一观光塔和气势宏伟的清真寺……这是目前世界上规模最大、设施最先进的巴扎，2004年入选乌鲁木齐市"十佳建筑"，是乌鲁木齐标志性建筑之一。如今，新疆国际大巴扎已成为新疆商业与旅游繁荣的象征，是每一位到新疆旅游的游客必去的地方。

走进大巴扎，穿的、用的、吃的，应有尽有，您可以买到新疆最具特色的商品，也可以买到周边国家和地区的民族手工艺品。英吉沙小刀、维吾尔花帽、美丽的披肩、哈萨克马鞭、蒙古皮酒囊、俄罗斯套娃，还有绚丽的艾德莱斯绸，另外还有天山雪莲、天山灵芝、西域红花、野生天麻、鹿茸等新疆特有的名贵药材，足以叫人眼花缭乱，让人不由自主地想掏腰包。

在国际大巴扎，各种新疆特色商品琳琅满目，如今已经形成了独具特色的八大专业市场：新疆最大的特产干果城；新疆最好的硅化木、奇石、古玩、字画专业市场；新疆最大的披肩、丝巾批发零售市场；新疆最大的民族时尚高档男女装市场；新疆最全的特产药材贸易基地；新疆最大的珠宝、和田玉专卖市场；新疆最具特色的手工艺品集散地；新疆最大、最专业的地毯、丝毯、挂毯城。大巴扎 80% 的商户都是土生土长的新疆人，游客通过与他们沟通交流可以充分感受新疆各民族的民俗风情，感受新疆独有的衣食住行文化。

宴艺一体，载歌载舞、美味佳肴是热情好客的新疆维吾尔人的传统待客礼仪。宴艺大剧院是乌鲁木齐市最大、最专业的新疆伊斯兰歌舞大剧院之一，欧式浪漫大厅、穹顶花灯、长桌红毯、烛光摇曳、银器交响，可同时容纳千人就餐、赏舞。独出心裁的宴艺歌舞自助餐，

国际大巴扎

琳琅满目的美食云集，还有维吾尔师傅表演的现场制作小吃，让人流连忘返。拉面、烤肉、烤包子、拌三凉……光看着就食欲大增。餐饮与娱乐互动，艺术与休闲完美结合。这里在精心满足人们享受美味的同时，更为世人奉献了民族风情浓郁的歌舞盛宴。其恢弘气势、浓情歌舞和丰盛的佳肴，让人全方位地感受新疆风情，彰显了巴扎的热烈情怀，征服了八方宾客，让人魂牵梦萦。绚烂震撼的新疆歌舞更是足以让每一位游客热血沸腾！即使不会跳舞的人，也会情不自禁地舞动起来。

夏末，大巴扎上，小商贩把各种水果码放得整整齐齐。有又甜又香的哈密瓜，有滚圆的绿皮西瓜，有水灵灵的马奶子葡萄，有红彤彤的吐鲁番葡萄，有皮薄汁多的库尔勒香梨，还有露出玛瑙般果粒的和田石榴。

现在，国际大巴扎以其浓郁的民族风情和民俗文化，每天都吸引着成千上万的游客和市民参观购物。在这里，无论收获多少，大家总不会空手而回。或是一块美玉，或是一方丝巾，或是一瓶精油，或是一餐美味，或是一场舞动！

多彩的喀什大巴扎

俗话说，到新疆不到喀什，等于没到新疆；到喀什不看巴扎，等于没到喀什。喀什是一座以维吾尔人为主要居民的有着千年以上历史的古老城市。早在汉唐（前206—公元907）时期，这个丝绸之路上最大的驿站，已是活跃的国际集市了。喀什有"巴扎王国"之称，瑞典汉学家贡纳尔·雅林在他的《重返喀什噶尔》一书里这样写道："喀什的生活是围绕着巴扎而建，整个喀什噶尔就是一个大巴扎……"喀什巴扎可谓一个联合国大集市，雪白如玉的俄罗斯银狐皮，哈萨克斯坦的水貂皮，乌兹别克斯坦的木勺木碗，土耳其的漂亮披肩，新疆喀什的铜器和陶器、英吉沙的手工小刀、和田的地毯和艾德莱斯绸，数

喀什大巴扎

十个国家和地区的商品应有尽有,直看得人眼花缭乱。

喀什的每一条小巷其实就是一个巴扎,有的已经持续了二三百年的光阴,如吾斯塘博依路和欧尔达西克巷的民族手工艺巴扎、肯尼扎路的手工业品巴扎、恰萨巴扎、库木代尔瓦扎小作坊巴扎等。在这些古老的巴扎上,匠人们专注地制作传统手工艺品,展示着祖传下来的精湛技艺,精雕细刻着快乐和自足。

在喀什的所有巴扎中,最有名气的要数喀什大巴扎。喀什大巴扎,全称中西亚国际贸易市场,位于喀什市东北角的吐曼河东岸,又称东门大巴扎,占地250亩,内设21个专业市场,有5000多个固定售货摊位和一条食品街,是中国西北地区最大的国际贸易市场。巴扎内商品种类齐全,品种多达9000余种,年成交额在1.25亿元左右。每逢礼拜天,这里便是车水马龙,人山人海,人数多达10万以上。喀什及新疆其他地方的各种土特产、手工艺品、日用百货、瓜果蔬菜、生产工具,以及大小牲畜等应有尽有。可以说,这里是新疆维吾尔民俗

风情最集中、最浓郁的地方。1992年以前，这个巴扎只在星期天营业，所以，至今外国游客及国外旅游资料仍将这个巴扎称为"星期天大巴扎"。现在巴扎虽然每天都在营业，但只有在星期天才最能让人感受到巴扎的热闹劲儿和空前的规模。每逢星期天，来自四面八方的人流和物资云集。从一般农副产品到价值很高的工艺品，应有尽有，并按种类分市排列。上午时分，巴扎渐入高潮，人们摩肩接踵，川流不息。

按照喀什维吾尔人的传统，喀什的巴扎自古就有专业之分，如帽子巴扎、首饰巴扎、小刀巴扎、地毯巴扎、玉石巴扎、布料巴扎、粮食巴扎、干果巴扎、牲畜巴扎、生产资料巴扎及柴草巴扎等。特别是牲畜巴扎，一般只在星期天才有。这一天，人们从四面八方带着要出售的牲畜涌到这里。在这里，您可以体验到古代丝绸之路上那种古老

喀什大巴扎

的贸易形式，可以看到以货换货，特别是"袖子里的交易"。

喀什地处亚欧大陆的中心，具有"五口（岸）通八国，一路连欧亚"的得天独厚的区位优势，与周边各国的国际贸易由来已久，交往日益频繁。在今天的大巴扎里，巴基斯坦的工艺品、土耳其的丝巾、吉尔吉斯斯坦的望远镜和沙特阿拉伯的干果都可以买得到，而且价格绝对实惠。

古朴繁华的和田大巴扎

和田，古称于阗，是塔里木盆地边缘最大的绿洲，也是新疆最古老的城市之一。由于深处南疆腹地，交通不便，和田反而比喀什、吐鲁番等城市保留了更多、更浓郁的原汁原味的东西。

和田每个县都有一个巴扎，而最大、最繁荣的要数和田大巴扎。和田大巴扎位于和田市区东北角，建筑具有浓郁的地方和民族特色。入口处立起的一座富有维吾尔建筑风格的高大门楼，成为了巴扎的显著标志。巴扎占地面积118352平方米，有14个专业市场，有上千个固定摊位，也有临时摆到路边上来的地摊，汇集了具有和田地方特色的菜系佳肴、名点饮品、干鲜果品、药材补品、金石雕镂、陶瓷漆器和各地的名优百货、名烟名茶等。在那里，可以购买到具有地方特色的和田玉、和田丝绸、和田地毯、玫瑰酒、和田小花帽、民族药材、民族小刀及手工木制品等特色产品。和田大巴扎成为当地老百姓和旅游者休闲娱乐、购买土特产和品尝风味小吃的好去处。

每个星期天是和田大巴扎的巴扎日。和田、洛浦、墨玉三县市的维吾尔人，一大早就赶着毛驴车或骑着摩托车、自行车，从四面八方涌来。上午，这里已经是万头攒动，摩肩擦背，买卖兴旺。巴扎沿着路口延伸数里，一派欣欣向荣的景象。作家权鹏飞在《和田的维吾尔》一文中描绘道："巴扎的闹市里，那一顶顶鲜亮的绣花'都帕'，那一团团飘然而过的'艾得来斯'，犹如天幕上朵朵亮艳的彩云，又似花

巴扎上的维吾尔医

园里一片片随风摇曳的花儿,真是美不胜收。"

漫步在巴扎中,让人眼花缭乱的布匹、丝绸,质朴的木碗、土陶,漂亮的漆花箱子,维吾尔、克里雅的帽子,以及精美得叫人爱不释手的黄金首饰尽收眼底。走进巴扎的深处,您会看到一大群牲口正驯服地张开嘴,接受新主人的挑选。小吃摊上还可以品尝到酸酸的拉条子、喷香的抓饭、金黄的肉馕,还有那无比爽口的多戛甫[13]。维吾尔理发师在喧嚣的叫卖声中旁若无人地忙碌着。周日的和田大巴扎,更是一个维吾尔风情的集中展示地,在那里可以体验到和田维吾尔人独具特色的传统文化。

---

[13] 维吾尔特色饮料,即冰酸奶,用酸奶加冰块调制而成,是维吾尔人最喜欢的消暑饮品。

和田盛产玉石，其中的羊脂玉和墨玉久负盛名。来到和田，游客还可以到赫赫有名的玉石巴扎里逛一逛，古今中外、天南海北的奇珍异宝全都汇聚于此。游客可以任意选购，挑好之后还可以就地到玉石加工点为玉石磨制打眼，进行装饰。

库车古渡巴扎

库车，地处天山南麓，塔里木盆地北缘，是一块美丽富饶的绿洲。库车古称龟兹，曾是古丝绸之路上一颗璀璨的明珠，是西域文明的荟萃之地。

2000多年前，龟兹古渡是丝绸之路上的重要关隘。南来北往的商贾在这里停留，在古渡边等待渡河。这条河叫库车河，据说也叫子母河，就是《西游记》女儿国中的那条喝口水就能怀孕的神奇的河。自古以来，每年冬春之交，巴扎在河滩形成，到1759年就已经成为盛极一时的集市了。当时店铺栉比，行商坐贾，驼队马帮，热闹非凡。

现今的巴扎，从龟兹古渡（今团结新桥）向两边铺开，商贩云集，熙来攘往；杂货纷呈，琳琅满目。风味小吃、农副土特产、时新百货、手工艺品、金银首饰……远远望去，五颜六色的太阳伞是巴扎的亮丽风景。每逢周五，千万辆毛驴车、摩托车和自行车从远近村镇拥向老城。田地里没人了，村子里也空掉了，仿佛全库车的人和物产都集中到老城街道上一样。街上盛不下，就拥到河滩上。库车河水早被挤到河床边的一条小渠沟里，人成了汹涌澎湃的潮水，每个巴扎日都把宽阔的河滩挤满。巴扎上，不同类型的商品分布在不同的片区。有帽子巴扎、布料巴扎、鞋子巴扎、地毯巴扎、生活用品巴扎、生产资料巴扎、牲畜巴扎、家鸡巴扎……您想买的东西，总能找到相应的位置。在巴扎上还可以品尝到库车梭梭柴烤羊肉串、大如车轮的库车大馕和家酿酸奶等美食。在这里，您可以感受到本乡本土的乡土气息。

汉人街巴扎——伊犁的缩影

在新疆伊宁市,有一条名声响亮的"汉人街"。伊犁人总爱这样向客人介绍这里——不到汉人街,不算来过伊犁。汉人街巴扎,即琼·库吾如克巴扎,是伊宁市历史最为悠久而繁华的农贸市场,外地人常慕名而来。

汉人街原是一条长约 2 公里的巷子。100 多年前,来自杨柳青镇等地的天津人来到琼·库吾如克创办了市场。当时,道路两侧店铺林立,行商坐贾吆喝往来,可谓盛极一时。聚集这条街上的"汉人"有 3000 人左右,大多是"赶大营"的杨柳青人。杨柳青人在这一条街上开的店铺就有 400 多家。这里曾是伊宁市汉族人居住最多的地方,当地老百姓惯称"汉人街巴扎"。每到巴扎日,民间艺人耍把戏,姑娘和小伙子载歌载舞。后来,城市慢慢扩大,汉人大多搬离,这里就剩下了维吾尔人在做生意。因此,"汉人街上无汉人"已成了伊宁几大怪之一。

巴扎上卖馕的小伙子

热闹非凡的巴扎

花帽巴扎

现在汉人街巴扎占地 3 万多平方米,有 2000 多个摊位,每天平均客流量 3 万余人次,多时达 6 至 8 万人次。巴扎里集聚着各种各样的民族手工制品、各种民族风味小吃和民间日常生活用品。如今,街上车水马龙,商贸兴旺,仍是伊宁市的繁华地区之一。在这里,一个维吾尔人的小摊子就成为一个世界。在这个小小的摊子上,承载着一家人的希望,一家人的梦想。每逢巴扎日(通常为星期天),这里人群川流不息,各种商品琳琅满目,加上维吾尔商人那高昂的叫卖声此起彼伏,令人感到浓郁的民族气息扑面而来。现在,汉人街巴扎已成为伊宁市乃至伊犁地区的一个具有代表性和象征意义的城区,是伊宁市最具"伊犁味道"的地方。